Impressum
Verlag: BABADADA GmbH, Nedderfeld 112 , 22529 Hamburg
Geschäftsführer / Verlagsleitung: Harald Hof
Druck: Books on Demand GmbH, In de Tarpen 42, 22848 Norderstedt

Imprint
Publisher: BABADADA GmbH, Nedderfeld 112 , 22529 Hamburg, Germany
Managing Director / Publishing direction: Harald Hof
Print: Books on Demand GmbH, In de Tarpen 42, 22848 Norderstedt

koulu

sikolwa

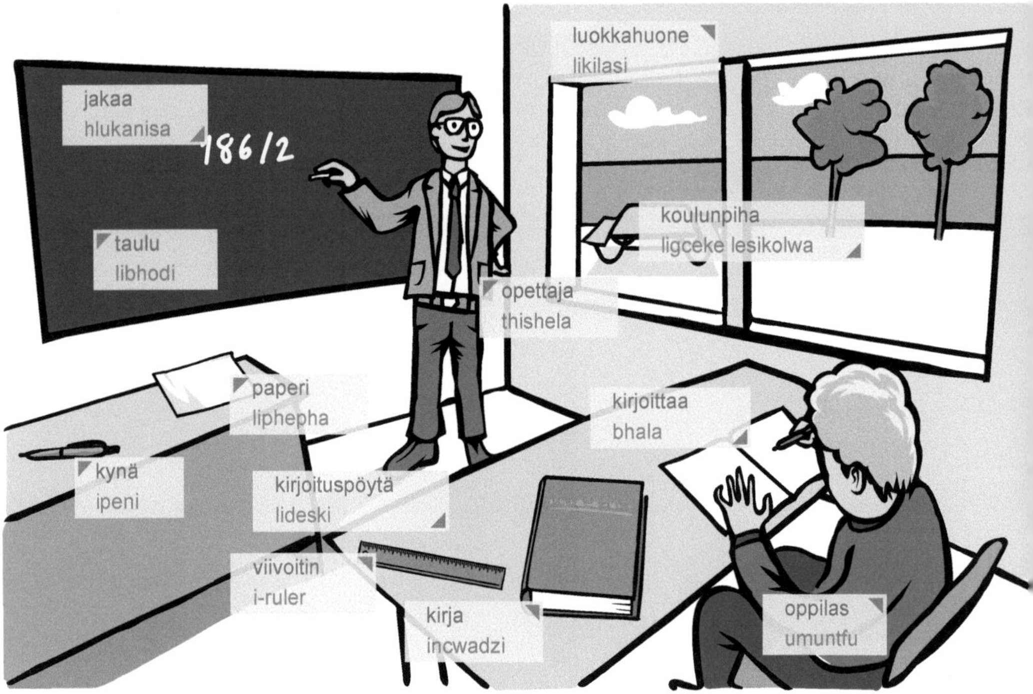
luokkahuone
likilasi
jakaa
hlukanisa
186/2
taulu
libhodi
koulunpiha
ligceke lesikolwa
opettaja
thishela
paperi
liphepha
kirjoittaa
bhala
kynä
ipeni
kirjoituspöytä
lideski
viivoitin
i-ruler
kirja
incwadzi
oppilas
umuntfu

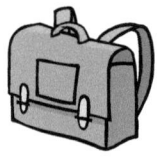

reppu

sikhwama setincwadzi tesikolwa

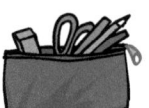

penaali

sikhwanyana semapenisela

lyijykynä

ipenisela

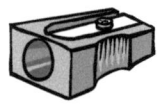

kynänteroitin

umshini wekulolo ipenisela

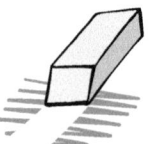

pyyhekumi

i-rubber

piirustuslehtiö

intfo yekudvweba

piirustus

umdvwebo

pensseli

libhulashi lekupenda

vesivärit

libhokisi lekupenda

sakset

tikelo

liima

i-glue

harjoituskirja

incwadzi yekutadisha

kotitehtävä

umsebenti wasekhaya

12

luku

inombolo

2+2

lisätä

hlanganisa

5-2

vähentää

susa

2×2

kertoa

phindzaphidza

laskea

bala

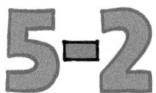

kirjain

incwadzi

ABCDEFG
HIJKLMN
OPQRSTU
VWXYZ

aakkoset

feleba

sana

ligama

teksti

umbhalo

lukea

fundza

liitu

ishogo

oppitunti

sifundvo

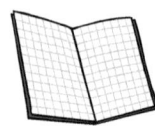

opettajan muistikirja

i-register

koe

sivivinyo sekugcina

todistus

sitifiketi

koulupuku

timphahla tesikolwa

koulutus

imfundvo

sanakirja

i-ensaklopheda

yliopisto

inyuvesi

mikroskooppi

sipopolo

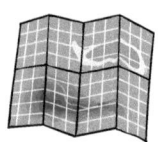

kartta

libalave

roskakori

libhakede lekulahla
emaphepha

matka
kuhamba

hotelli
lihhotela
retkeilymaja
lihhostela
ROOMS
rahanvaihto
i-bureau de change
matkalaukku
sikhwama setimphahla
auto
imoto

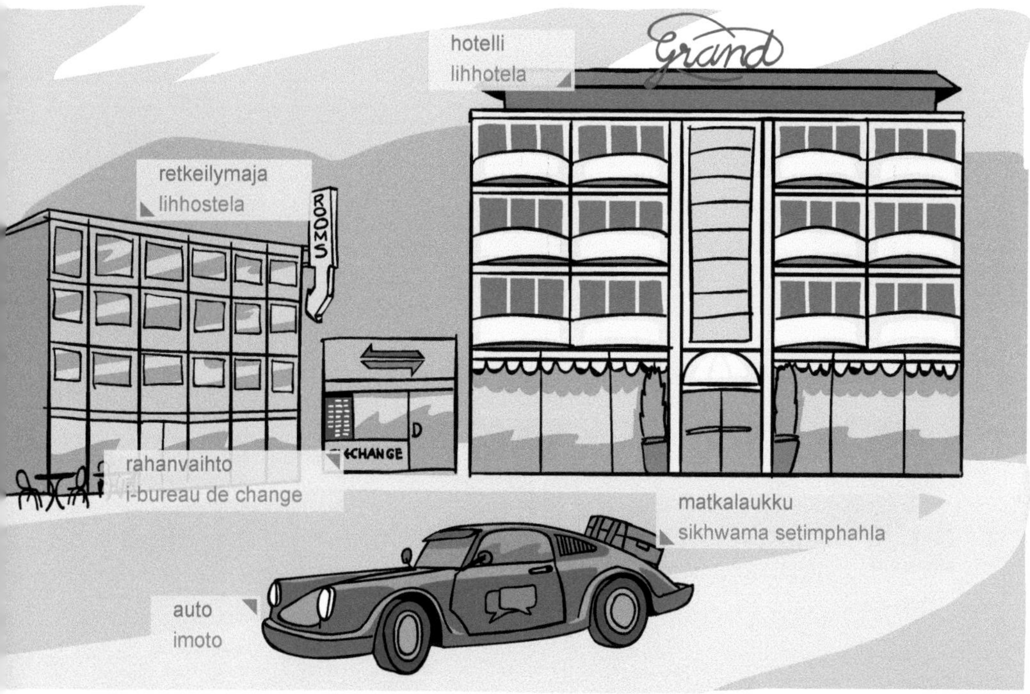

kieli

lulwimi

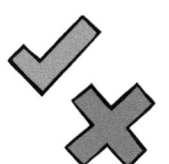

kyllä / ei

yebo / cha

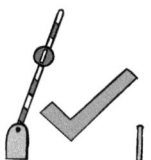

selvä

Kulungile

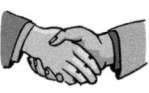

hei

sawubona

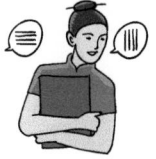

tulkki

umhumushi

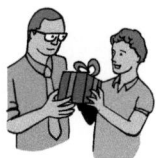

kiitos

Siyabonga

Paljonko...maksaa?

ingumalini i....?

en ymmärrä

angivisisi kahle

ongelma

inkinga

Hyvää iltaa!

Lishonile!

Hyvää huomenta!

Kusile!

Hyvää yötä!

Ulale kahle!

näkemiin

sala kahle

suunta

sicondziso

matkatavarat

umtfwalo

laukku

sikhwama

reppu

sikhwama lesigacwako

vieras

sivakashi

huone

likamelo

makuupussi

sikhwama sekulala

teltta

lithende

turisti-info

imininingwane yetivakashi

ranta

ibhishi

luottokortti

likhadi lemali

aamupala

kudla kwasekuseni

lounas

kudla kwasemini

päivällinen

kudla kwantsambama

matkalippu

lithikithi

hissi

i-lift

postimerkki

sitembu

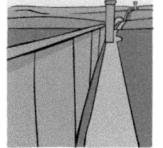

raja

umcele

tulli

emakhasimende

suurlähetystö

i-embasi

viisumi

i-visa

passi

ipasipoti

kuljetus
kwetfutsa

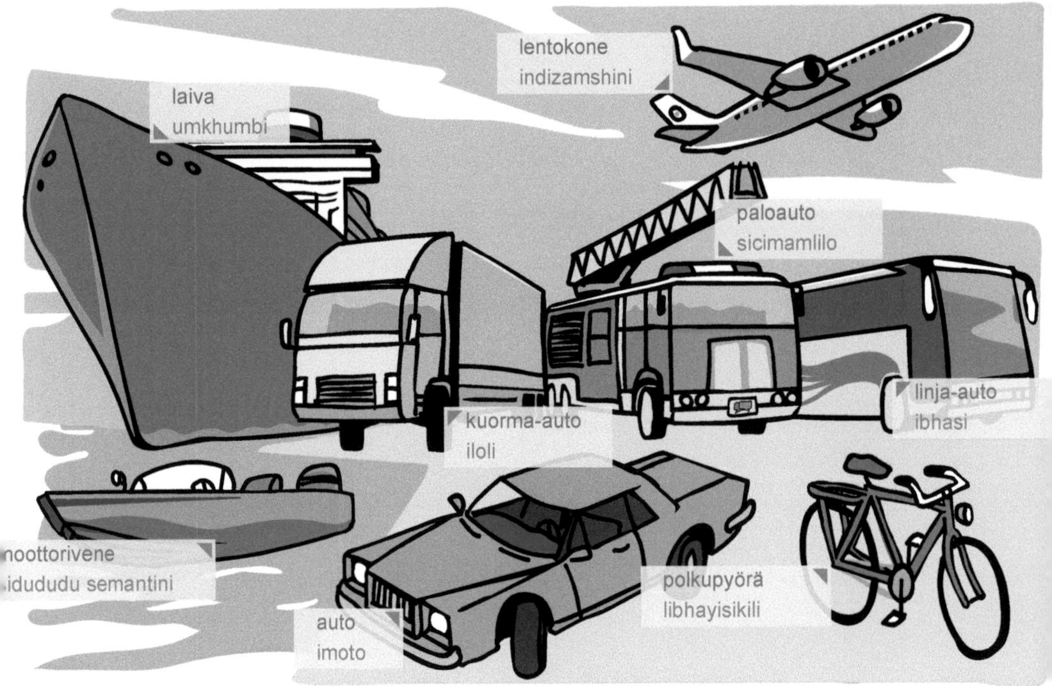
lentokone
indizamshini
laiva
umkhumbi
paloauto
sicimamlilo
linja-auto
ibhasi
kuorma-auto
iloli
noottorivene
idududu semantini
polkupyörä
libhayisikili
auto
imoto

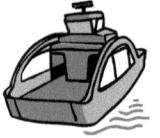

lautta
i-ferry

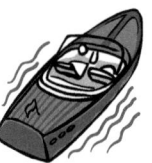

vene
sikebhe

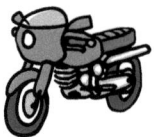

moottoripyörä
sidududu

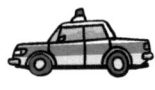

poliisiauto
imoto yemaphoyisa

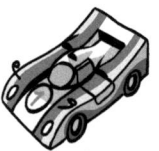

kilpa-auto
imoto yemjaho

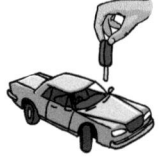

vuokra-auto
imoto yekucashisa

car sharing

kubolekana imoto

hinausauto

i-breadown

roska-auto

iloli yetibi

moottori

imoto

polttoaine

phethiloli

huoltoasema

ligalaji laphethiloli

liikennemerkki

luphawu lwemgwaco

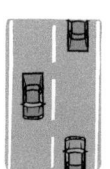

liikenne

incumbi yetimoto

ruuhka

incumbi yetimoto letime emngwacweni

parkkipaikka

ipaki yemoto

rautatieasema

siteshi sesitimela

raiteet

imizila

juna

sitimela

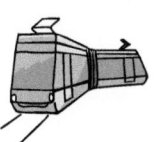

raitiovaunu

i-tram

vaunu

inkalishi

helikopteri

indiza lenaphephela emhlane

lentokenttä

sikhungo setindiza

lähilennonjohto

imoto yekudvonsa letibhajiwe

matkustaja

bagibeli

kontti

intfo yekutfwala

pahvilaatikko

likhathoni

kärryt

i-cart

kori

bhasikidi

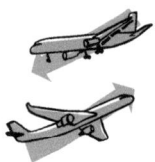

nousta / laskea

kusuka / kwehla

kaupunki

lidolobha lelikhulu

kylä

umuti

keskusta

ekhatsi nelidolobha

talo

indlu

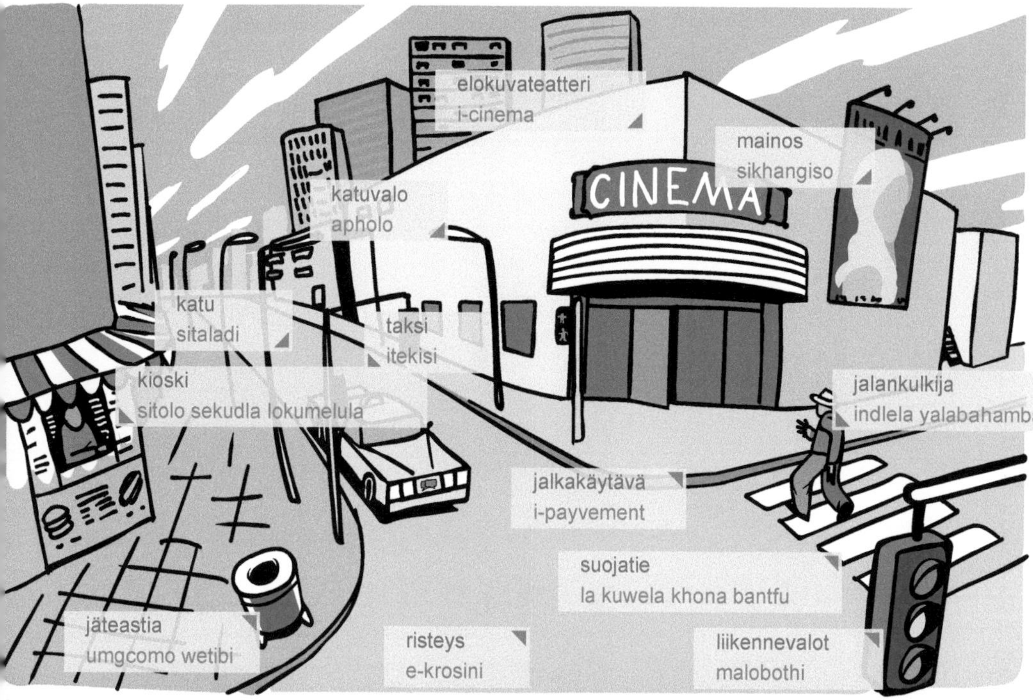

elokuvateatteri
i-cinema
mainos
sikhangiso
CINEMA
katuvalo
apholo
katu
sitaladi
taksi
itekisi
kioski
sitolo sekudla lokumelula
jalankulkija
indlela yalabahamba
jalkakäytävä
i-payvement
suojatie
la kuwela khona bantfu
jäteastia
umgcomo wetibi
risteys
e-krosini
liikennevalot
malobothi

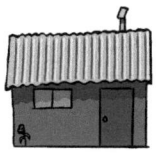

mökki

gucasthandaze

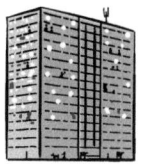

kerrostalo

lifulethi

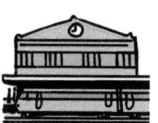

rautatieasema

siteshi sesitimela

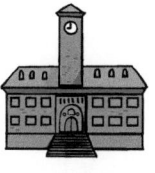

kaupungintalo

lihholwa lasedolobheni

MUSEUM

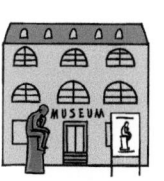

museo

imnyusiyamu

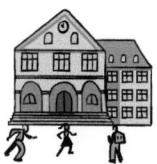

koulu

sikolwa

yliopisto

inyuvesi

pankki

libhange

sairaala

sibhedlela

hotelli

lihhotela

apteekki

ikhemisi

toimisto

lihhovisi

kirjakauppa

sitolo setincwadzi

liike

sitolo

kukkakauppa

lotsengisa timbali

supermarketti

isuphamakethe

tori

imakethe

tavaratalo

litiko letitolo

kalakauppias

batsengisi betimfishi

ostoskeskus

luchungechuge lwetitolo

satama

sikhungo

puisto
lipaki

penkki
libhentji

silta
libhuloho

portaat
titezi

metro
ngephansi kwemhlaba

tunneli
umhume

linja-autopysäkki
siteshi sebhasi

baari
sitolo setjwala

ravintola
sitolo sekudla

postilaatikko
libhokisi leliposi

katukyltti
luphawu lwemgwaco

parkkimittari
umshini lobala sikhatsi
sekupaka

eläintarha
i-zoo

uimala
i-swimming pool

moskeija
lisontfo lemasulumane

maatila
lipulazi

ympäristön saastuminen
kugcolisa umoya

hautausmaa
emathuna

kirkko
lisontfo

leikkikenttä
inkhundla yetemidlalo

temppeli
lithempeli

maisema
libala

lehti
licembe

tienviitta
luphawu lwemgwaco

tie
indlela

niitty
umshiya

kivi
litje

retkeilijä
lohamba indlela lendze ngetinyawo

puu
sihlahla

joki
umfula

ruoho
tjani

kukka
imbali

laakso
sihosha

vuori
ligcuma

järvi
lidanyana

metsä
lihlatsi

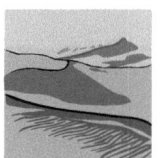

aavikko
lihlane

tulivuori
intsabamlilo

linna
umhlambi wetinkhomo

sateenkaari
umushi wenkhosatane

sieni
likhowa

palmu
sihlahla semphayini

hyttynen
imbuzulwane

kärpänen
kundiza

muurahainen
intfutfwane

mehiläinen
inyosi

hämähäkki
sayobi

kovakuoriainen
inkhubabulongo

sammakko
sicoco

orava
chakijane

siili
ingungumbane

jänis
lolunye luhlobo lwalogwaja

pöllö
sikhova

lintu
inyoni

joutsen
i-swan

villisika
ingulube yesiganga

peura
inyamatane

hirvi
i-moose

pato
lidamu

tuulimylly
i-wind turbine

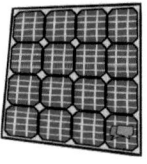

aurinkopaneeli
i-solar panel

ilmasto
simo selitulu

ravintola
sitolo sekudla

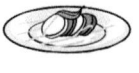

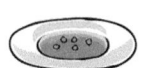

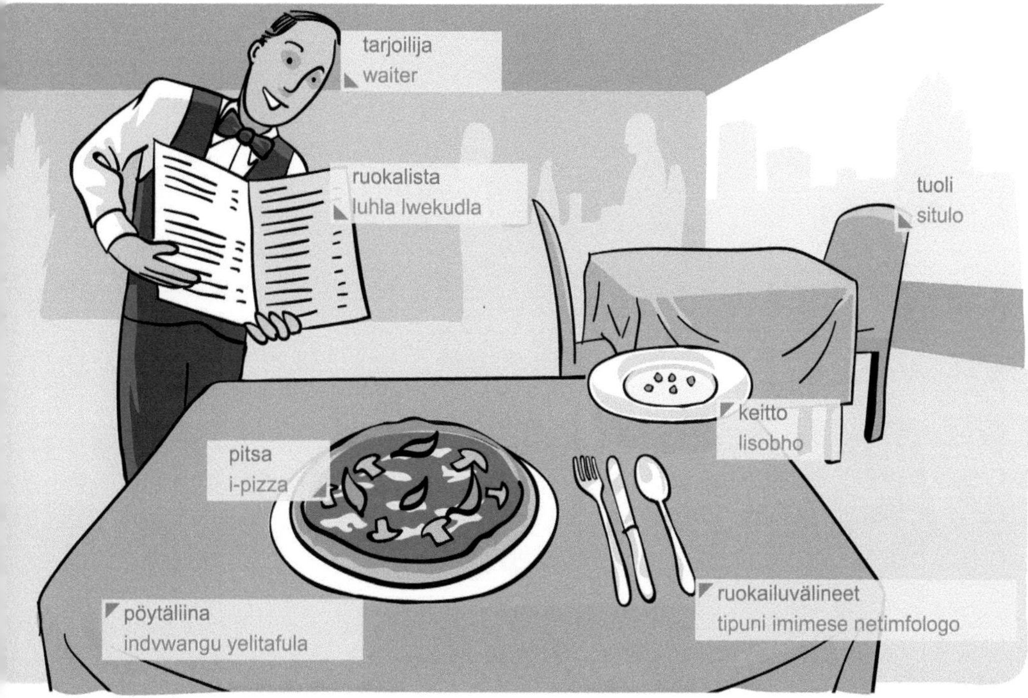
tarjoilija
waiter
ruokalista
luhla lwekudla
tuoli
situlo
keitto
lisobho
pitsa
i-pizza
pöytäliina
indvwangu yelitafula
ruokailuvälineet
tipuni imimese netimfologo

alkuruoka
kudla lokusicalo

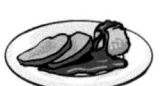

pääruoka
kudla locinile

jälkiruoka
idizethi

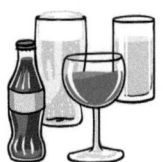

juomat
tinatfo

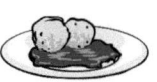

ruoka
kudla

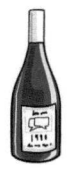

pullo
libhodlela

pikaruoka

kudla lokushesheshako

katuruoka

kudla kwasemngwacweni

teekannu

ligedlela lelitiye

sokeriastia

indishi yashukela

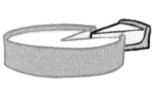

annos

incenye

espressokeitin

umshini we-espresso

syöttötuoli

situlo lesiphakeme

lasku

ibhili

tarjotin

li-tray

veitsi

umukhwa

haarukka

imfologo

lusikka

sipuni

teelusikka

sipuni lesincane

servietti

ithishu yetandla

lasi

ligilasi

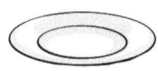

lautanen

lipuleti

syvä lautanen

lipuleti lelisobho

aluslautanen

lipringi

kastike

i-sauce

suolasirotin

libhodvo lasawoti

pippurimylly

i-pepper mill

etikka

niniga

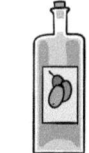

öljy

emafutsa awoyela

mausteet

tipayisi

ketsuppi

i-ketchup

sinappi

i-mustard

majoneesi

mayonasi

supermarketti

isuphamakethe

tarjous
lokusendalini
FOR
asiakas
likhasimende
maitotuotteet
indzawo yelubisi
hedelmät
titselo
ostoskärryt
i-trolley

BUTCHERS

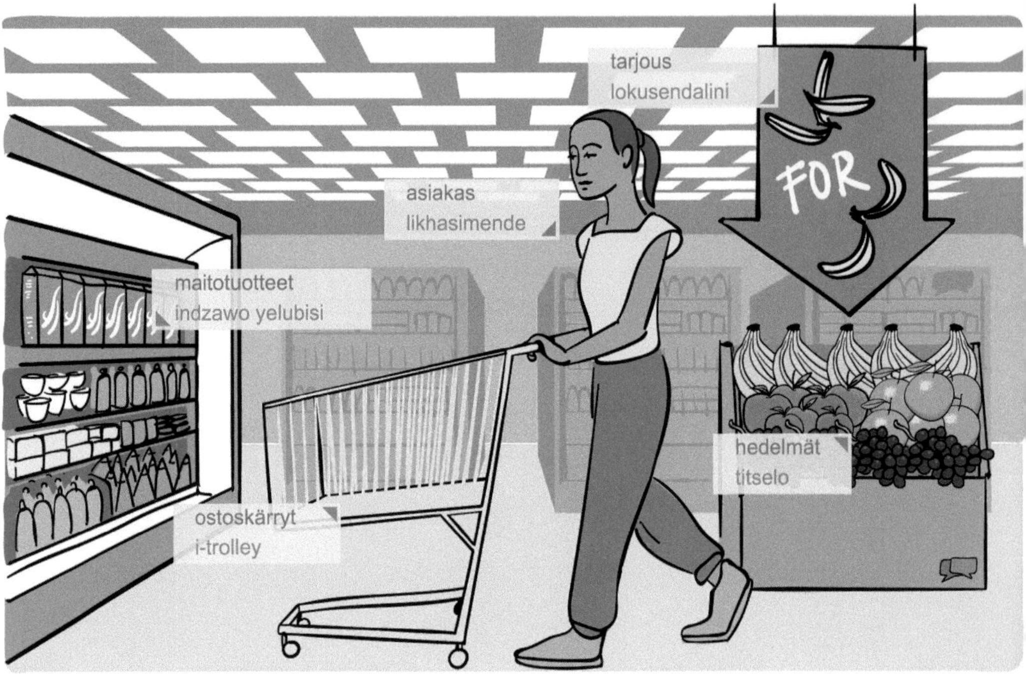

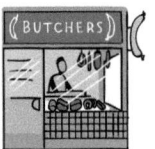

teurastamo

ibhushari

BAKERY

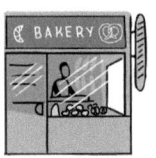

leipomo

i-baker

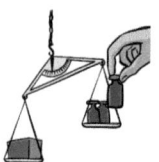

punnita

kala

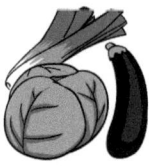

kasvikset

tibhidvo

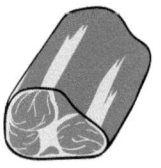

liha

inyama

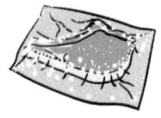

pakasteet

kudla lokucandzisiwe

leikkele

inyama lebandzako

säilykkeet

kudla likusemathinini

pesujauhe

insipho yekuwasha

makeiset

emaswidi

kotitaloustarvikkeet

tintfo tasekhaya

puhdistusaineet

imitsi yekukolobha

myyjä

umuntfu lotsengisako

kassa

endzaweni yekubhadala

kassanhoitaja

umtsengisi

ostoslista

luhla lwetintfo tekutsengwa

aukioloajat

ema-awa ekuvula

lompakko

sipatji

luottokortti

likhadi lemali

kassi

sikhwama

muovipussi

sikhwama seshekhasi

vesi

emanti

mehu

ijuzi

maito

lubisi

kokis

ikhokhi

viini

liwani

olut

ibhiya

alkoholi

tjwala

kaakao

ikhokho

tee

litiye

kahvi

likhofi

espresso

i-espresso

cappuccino

i-cappuccino

banaani

bhanana

omena

lihhabhula

appelsiini

liwolintji

meloni

melon

sitruuna

ilemoni

porkkana

emavondlela

valkosipuli

galiki

bambu

i-bamboo

sipuli

anyanisi

sieni

emakhowa

pähkinät

emantongomane

spagetti

ema-noodles

spagetti

sipageti

riisi

lilayisi

salaatti

isaladi

ranskalaiset

emashibusi

paistetut perunat

emazambane lafrayiwe

pitsa

i-pizza

hampurilainen

i-burger

voileipä

isengwishi

leike

inyama lefulawe netimvitsi
tesinkhwa

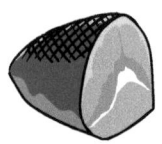

kinkku

i-ham

salami

isalami

makkara

livosi

kana

inyama yenkhukhu

paisti

lokufrayiwe

kala

imfishi

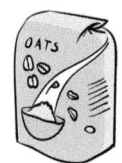

kaurahiutaleet

i-oats

mysli

imusili

murot

ema-cornflakes

jauho

fulawa

voisarvi

ema-croissant

sämpylä

sinkhwa

leipä

sinkhwa

paahtoleipä

linkhwa lesithosiwe

keksit

emabhisikidi

voi

bhotela

rahka

i-curd

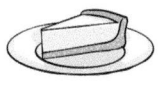

kakku

likhekhe

kananmuna

emacandza

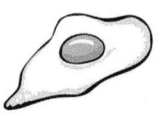

paistettu kananmuna

emacandza lafulayiwe

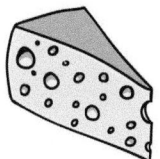

juusto

ishizi

jäätelö

i-ice cream

sokeri

shukela

hunaja

luju

hillo

jamu

suklaapähkinälevite

shokolethi

curry

ikheri

maatila
lipulazi

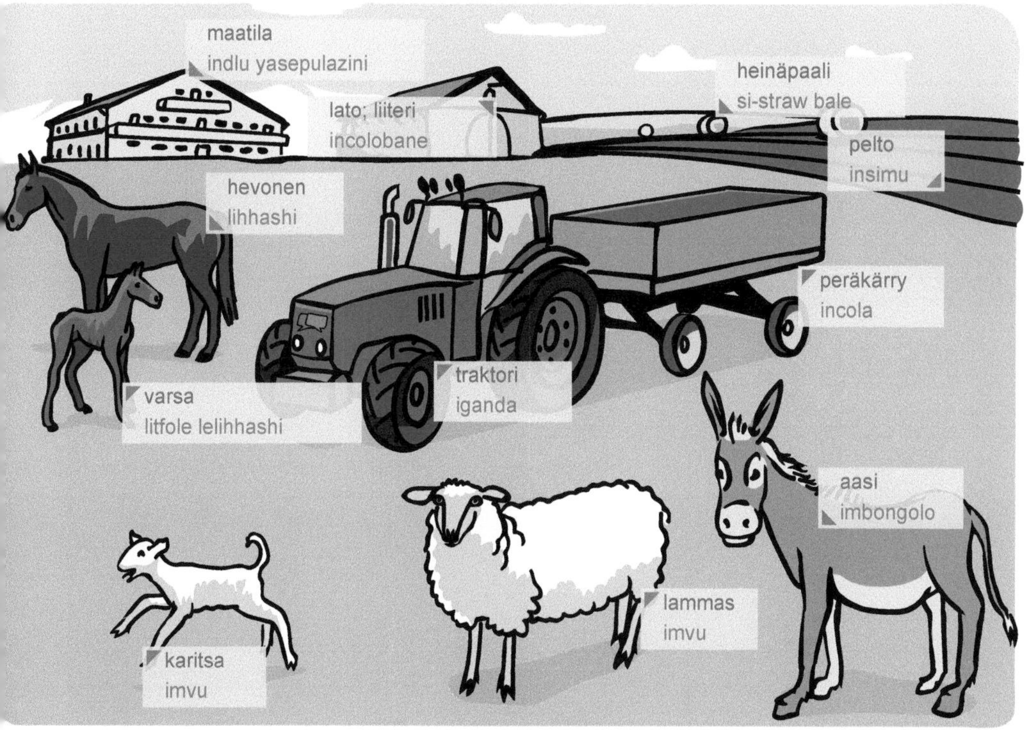

maatila
indlu yasepulazini
lato; liiteri
incolobane
heinäpaali
si-straw bale
pelto
insimu
hevonen
lihhashi
peräkärry
incola
traktori
iganda
varsa
litfole lelihhashi
aasi
imbongolo
lammas
imvu
karitsa
imvu

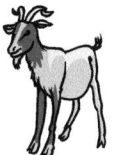

vuohi

imbuti

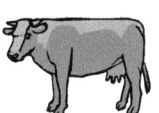

lehmä

inkhomo

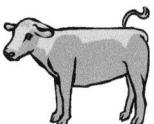

vasikka

litfole

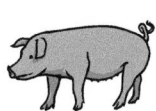

sika

ingulube

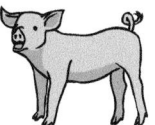

porsas

ingulutjana

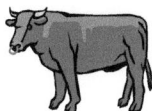

sonni

inkhunzi

hanhi

lihansi

ankka

lidada

tipu

lintjwele

kana

sikhukhukati

kukko

lichudze

rotta

ligundvwane

kissa

likati

hiiri

ligundvwane lelincane

härkä

inkhunzi

koira

inja

koirankoppi

indlu yenja

puutarhaletku

liphayiphi lemanti
asengadzini

kastelukannu

libhakede lemanti

viikate

i-scythe

aura

likhuba leganda

sirppi

lisikela

kuokka

likhuba

talikko

imfologo yetjani

kirves

lizembe

kottikärryt

libhala

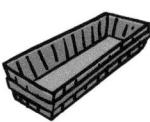

kaukalo

litrofula

maitokannu

iromkani

säkki

lisaka

aita

ifenisi

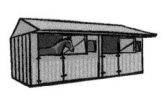

talli

sitebele

kasvihuone

indlu leluhlata

maa

umhlabatsi

siemen

imbewu

lannoite

sivundzisi

leikkuupuimuri

bavuni

maatila - lipulazi

kerätä sato

vuna

sato

sivuno

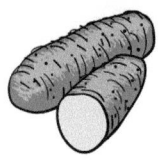

jamssit

i-yams

vehnä

likhula

soija

isoyi

peruna

lizambane

maissi

sibhuluja sembila

rypsi

i-rapeseed

hedelmäpuu

sihlahla setitselo

maniokki

bhatata

vilja

ema-cereals

talo
indlu

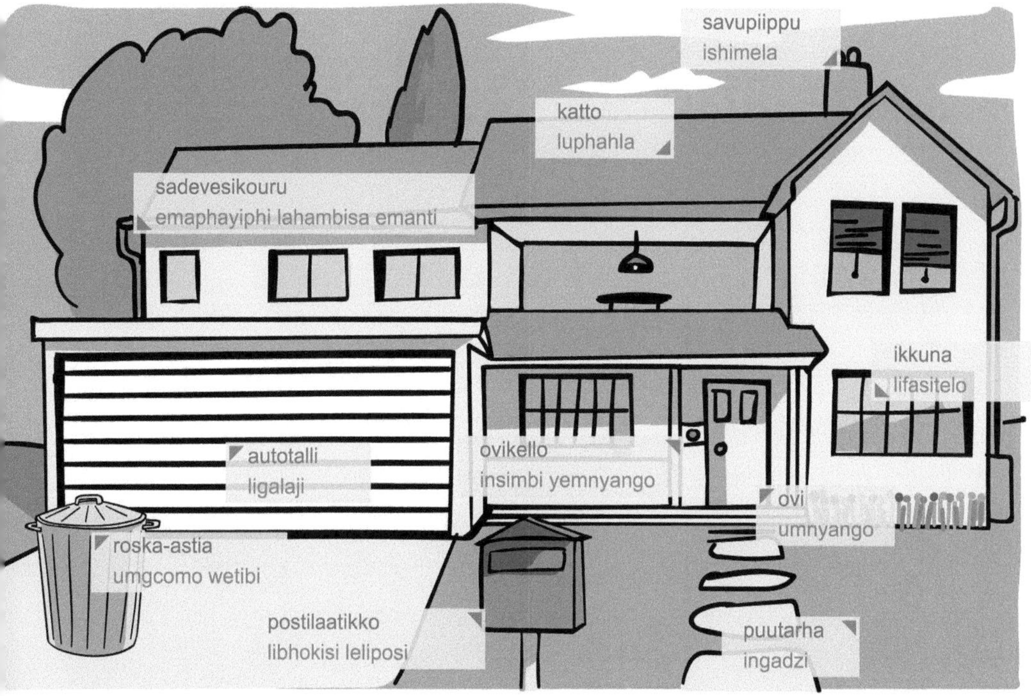
savupiippu
ishimela
katto
luphahla
sadevesikouru
emaphayiphi lahambisa emanti
ikkuna
lifasitelo
autotalli
ligalaji
ovikello
insimbi yemnyango
ovi
umnyango
roska-astia
umgcomo wetibi
postilaatikko
libhokisi leliposi
puutarha
ingadzi

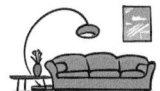

olohuone

indzawo yamabonakudze

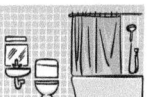

kylpyhuone

likamelo lekugezela

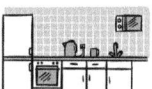

keittiö

likhishi

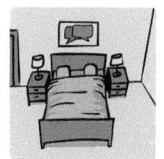

makuuhuone

likamelo

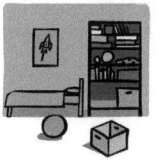

lastenhuone

likamelo lemntfwana

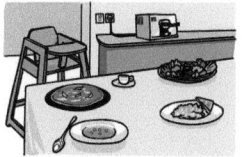

ruokahuone

ligumbu lekudlela

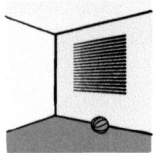

lattia

siyilo

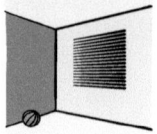

seinä

lubondza

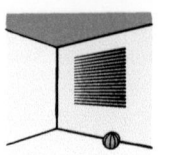

katto

isilingi

kellari

i-cellar

sauna

i-sauna

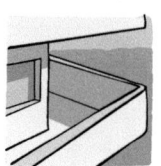

parveke

umpheme

terassi

libala

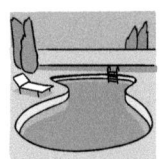

uima-allas

lidamu lekududa

ruohonleikkuri

umshini wetjani

lakana

lishidi

päiväpeitto

ibhedspredi

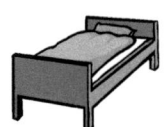

sänky

umbhedze

harja

umshanelo

ämpäri

libhakede

katkaisin

iswishi

olohuone
indzawo yamabonakudze

tapetti
i-wallpaper
kuva
sitfombe
lamppu
sibane
hylly
lishelufa
kaappi
likhabethe
televisio
mabonakudze
takka
likahela
kukka
imbali
tyyny
ikhushini
sohva
sofa
maljakko
ivasi
kaukosäädin
irimothi

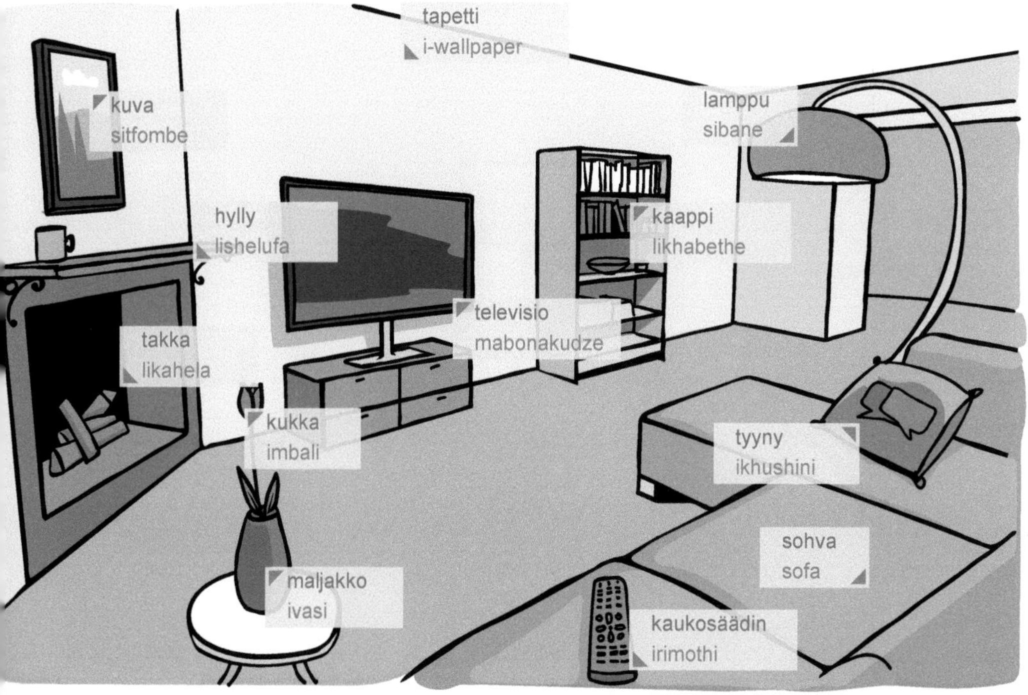

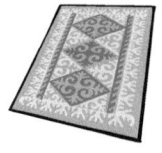

matto

imadi yendlu

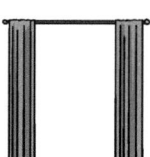

verho

likhetheni

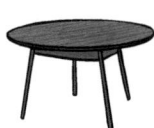

pöytä

litafula

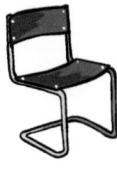

tuoli

situlo

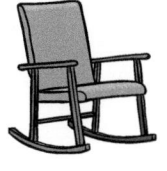

keinutuoli

situlo sangephandle

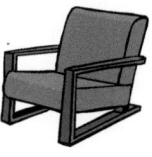

nojatuoli

situlosemikhono

kirja

incwadzi

peitto

ingubo

koriste

umhlobiso

polttopuut

tinkhuni tekubasa

elokuva

lifilimu

stereot

igumbagumba

avain

tikhiya

sanomalehti

liphephandzaba

maalaus

pende

juliste

likhadi laselubondzeni

radio

iwayilensi

muistivihko

kwekutsa emaphuzu

pölynimuri

i-hoover

kaktus

sitjalo lokutsiwa yi-cactus

kynttilä

likhandlela

keittiö
likhishi

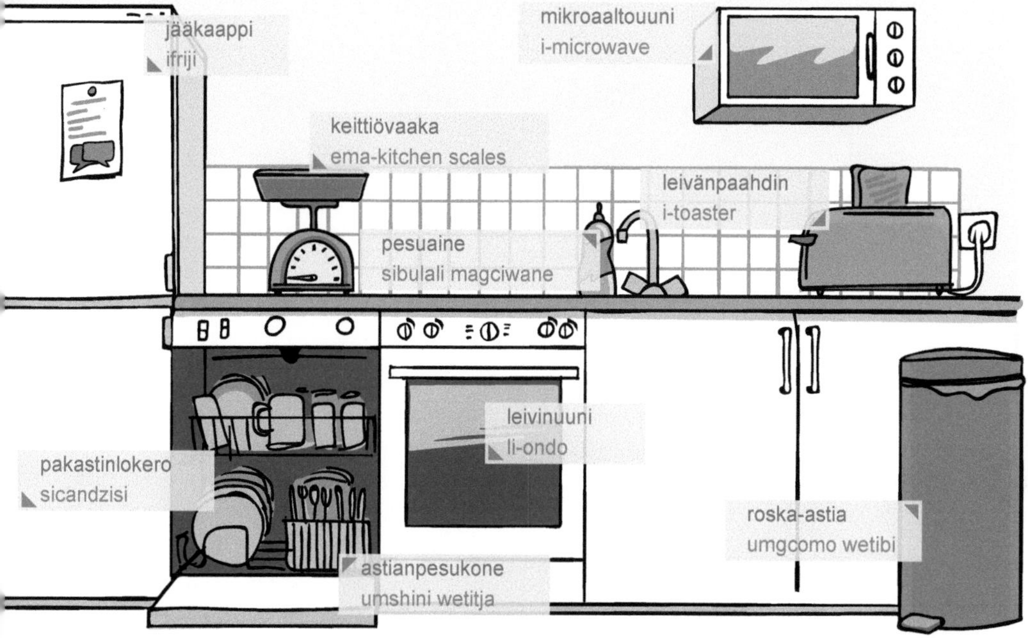

jääkaappi
ifriji
mikroaaltouuni
i-microwave
keittiövaaka
ema-kitchen scales
leivänpaahdin
i-toaster
pesuaine
sibulali magciwane
leivinuuni
li-ondo
pakastinlokero
sicandzisi
roska-astia
umgcomo wetibi
astianpesukone
umshini wetitja

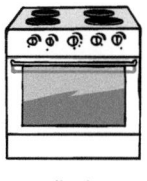

liesi

umpheki

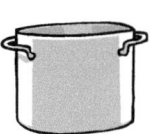

kattila

libhodvo

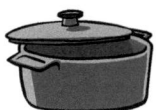

rautapata

i-cast-iron pot

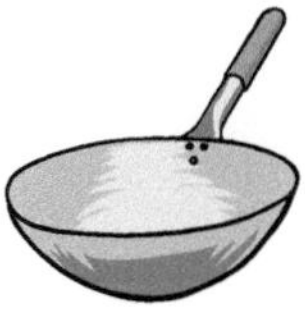

vokkipannu / kadai-pannu

i-wok /kadai

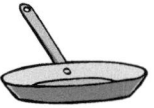

paistinpannu

lipani

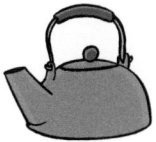

teepannu

ligedlela

höyrykeitin

i-steamer

uunipelti

lipani lekubhaka

astiat

i-crockery

muki

imagi

kulho

indishi

syömäpuikot

tindvukwana tekujuba

kauha

i-landle

paistinlasta

si-spatula

vispilä

i-whisk

siivilä

i-strainer

siivilä

i-sieve

raastin

i-grater

mortteli

i-mortar

grilli

i-barbecue

avotuli

umlilo lovulekile

leikkuulauta

libhodi lekujuba kudla

kaulin

i-rolling pin

korkinavaaja

i-corkscrew

purkki

likani

purkinavaaja

lithulusi lekuvala likani

pannulappu

intfo yekubeka emabhodvo

lavuaari

izinki

tiskiharja

libhulashi

pesusieni

sipontji

tehosekoitin

i-blender

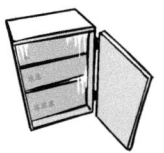

pakastin

i-deep freezer

tuttipullo

libhodlela lemntfwana

vesihana

impompi

lämmitys
kwekutfutfumeta

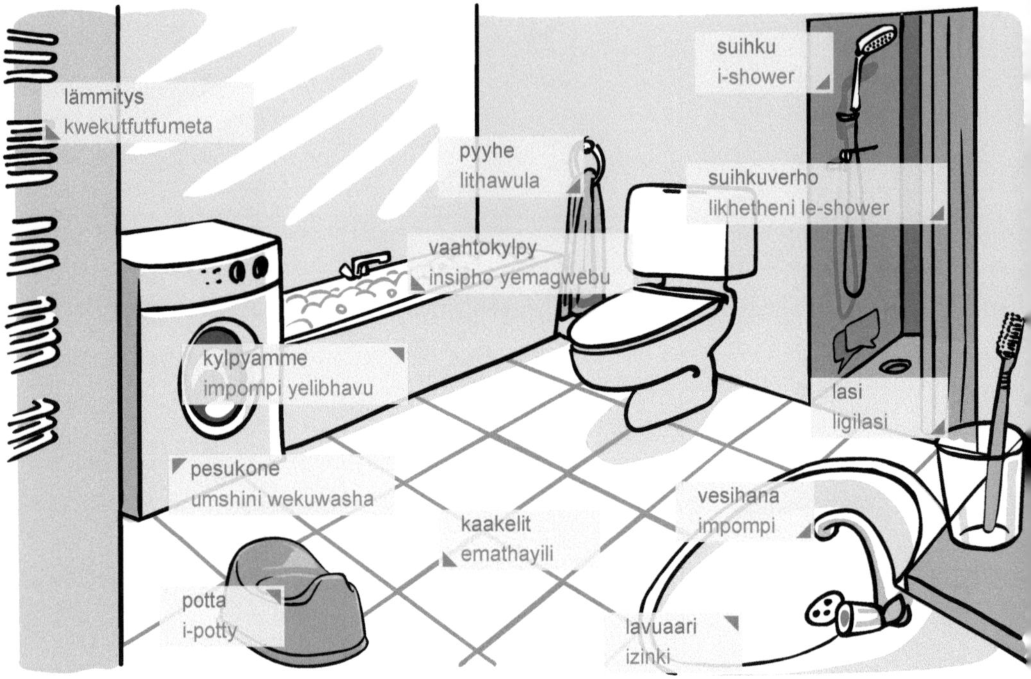

suihku
i-shower

pyyhe
lithawula

suihkuverho
likhetheni le-shower

vaahtokylpy
insipho yemagwebu

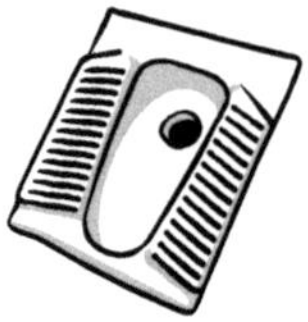

kylpyamme
impompi yelibhavu

lasi
ligilasi

pesukone
umshini wekuwasha

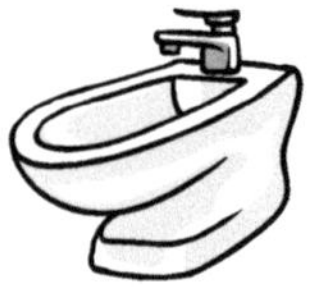

vesihana
impompi

kaakelit
emathayili

potta
i-potty

lavuaari
izinki

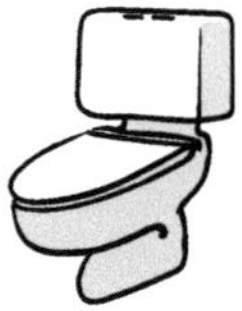

vessa	kyykkyvessa	bidee
umthoyi	libhodvo lemthoyi	i-bidet
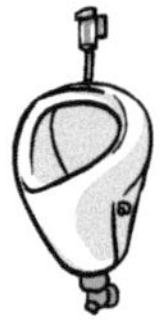 pisuaari	vessapaperi	vessaharja
umnchamo	ithishu	libhulashi lemthoyi

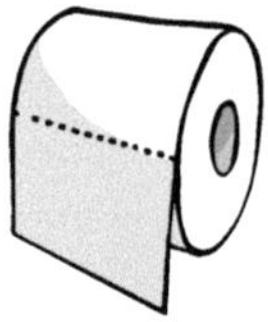

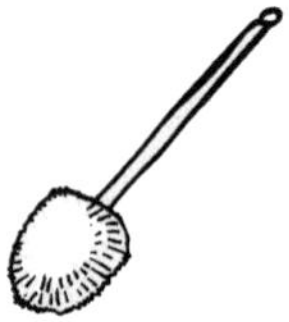

hammasharja

libhulashi lematinyo

hammastahna

insipho yematinyo

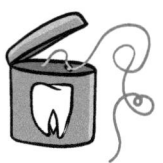

hammaslanka

intsambo yekuhlanta
ematinyo

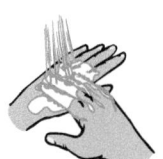

pestä

washa

käsisuihku

liphayiphu le-shower
lelibanjwa ngetandla

intiimisuihku

i-douche

pesuvati

i-basin

selkäharja

libhulashi lemgogodla

saippua

insipho lecinile

suihkugeeli

i-gel ye-shower

shampoo

insipho yemagwebu

pesulappu

i-flannel

viemäri

kwekuhambisa emanti

voide

i-cream

deodorantti

emakha emakhwapha

peili

sibuko

käsipeili

sibuko lesincane

partaveitsi

i-razor

partavaahto

emagwebu ekushefa

partavesi

kwegcobisa ngemuva
kwekushefa

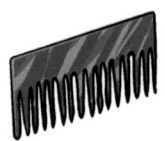

kampa

i-comb

harja

libhulashi

hiustenkuivaaja

kwekomisa tinwele

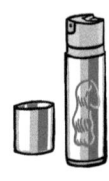

hiuslakka

kwekufutsa tinwele

meikki

kwekutimomonya

huulipuna

i-lipstick

kynsilakka

pende wetingalo

pumpuli

i-cotton wool

kynsisakset

sikelo setingalo

hajuvesi

emakha

kosmetiikkalaukku

sikhwama setintfo tekugeza

jakkara

situlo

vaaka

sikali sesisindvo

kylpytakki

kwekugcoka nawugeza

kumihansikkaat

emagilavu e-rubber

tamponi

i-tampon

terveysside

lithawula lekuhlanta

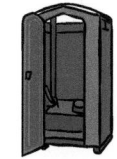

kemiallinen wc

imitsi yekukolobha umthoyi

lastenhuone

likamelo lemntfwana

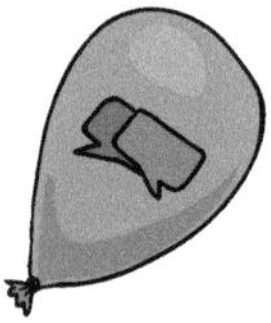

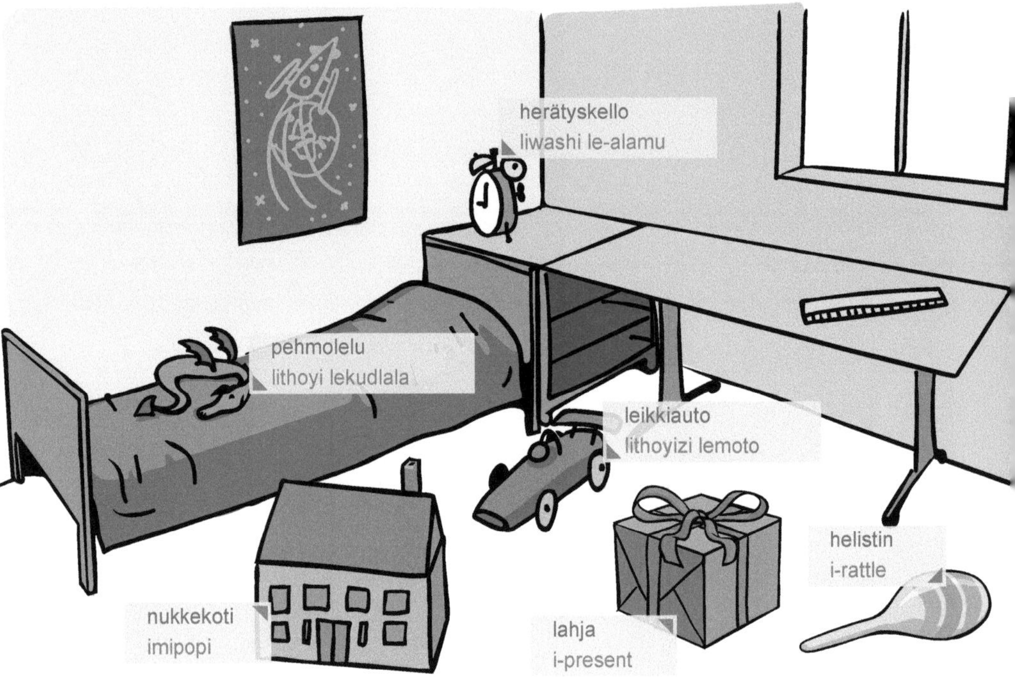
herätyskello
liwashi le-alamu
pehmolelu
lithoyi lekudlala
leikkiauto
lithoyizi lemoto
helistin
i-rattle
nukkekoti
imipopi
lahja
i-present

ilmapallo

ibhaluni

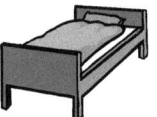

sänky

umbhedze

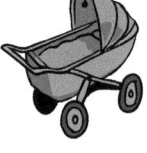

lastenvaunut

ipram

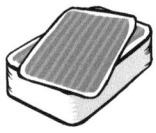

korttipeli

emakhadi ekudlala

palapeli

i-jigsaw

SUPER
MEGA

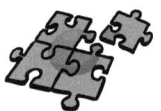

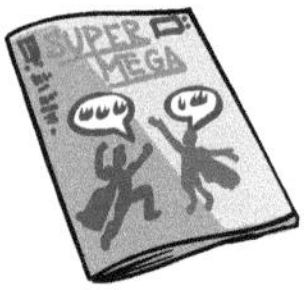

sarjakuva

i-comic

legopalikat

emabloko e-lego

rakennuspalikat

emabloko ekwakha

supersankari

i-actionfigure

potkupuku

kukhula kwemntfwana

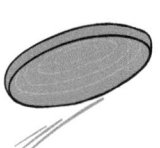

frisbee

i-frisbee

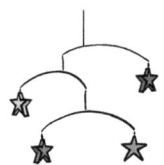

mobile

i-mobile

lautapeli

ibhodi yemdlalo

noppa

lidayisi

pienoisjunarata

isethi yemathoyizi etitimela

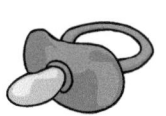

tutti

i-dummy

juhlat

i-party

kuvakirja

incwadzi yetitfombe

pallo

ibhola

nukke

nodoli

leikkiä

dlala

hiekkalaatikko

umgodzi wemhlabatsi

pelikonsoli

umshini wemdlalo wema-
video

vaatekaappi

ihhodrobhu

keinu

umjikeli

kolmipyörä

masondvontsatfu

lelut

emathoyizi

nalle

umdoli welibhele

vaatteet

timphahla tekugcoka

sukat

emakawosi

nylonsukat

ema-stockings

sukkahousut

umtjopi

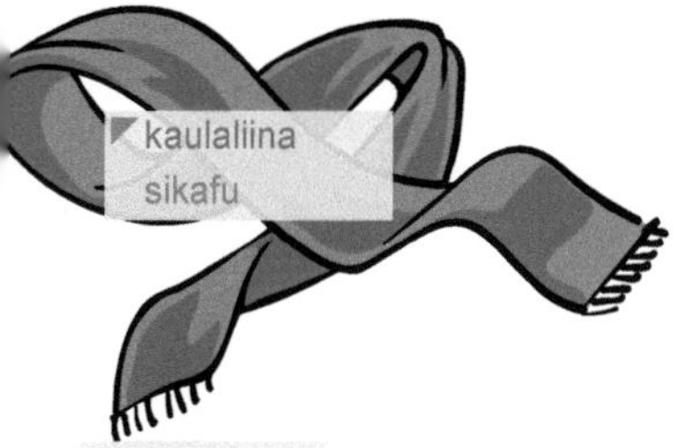

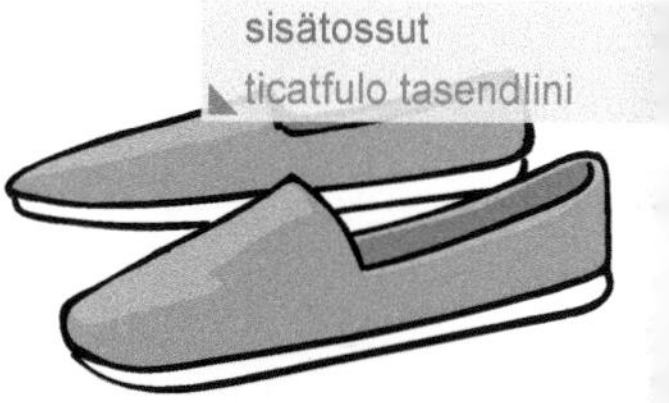

kaulaliina
sikafu

vyö
libhande

sateenvarjo
sambulelo

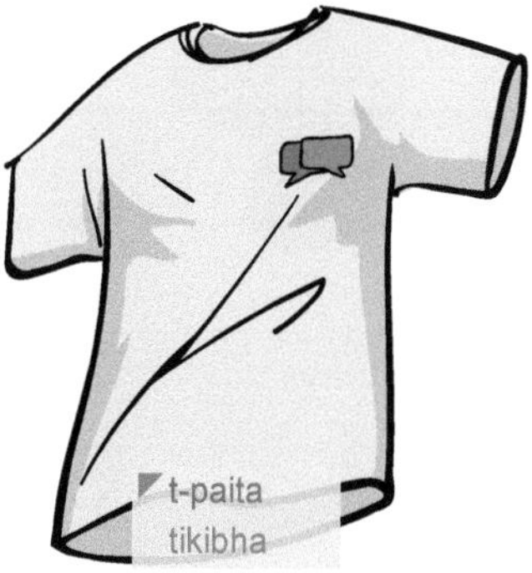

t-paita
tikibha

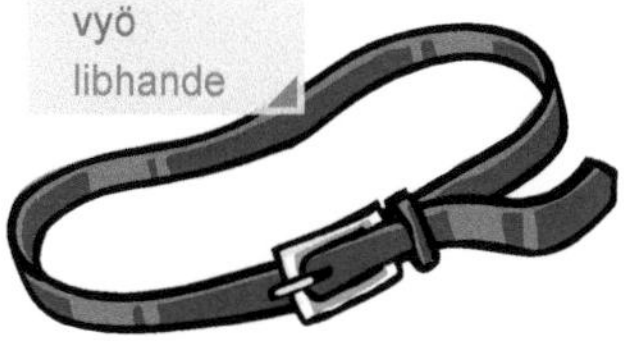

saappaat
emabhudzi

sisätossut
ticatfulo tasendlini

lenkkarit
timphahla tekujima

sandaalit
tincabule

kengät
ticatfulo

kumisaappaat
emabhudzi emvula

alushousut
emabhuluko angephansi

rintaliivit
ibhodi

aluspaita
i-vest

vaatteet - timphahla tekugcoka

body

umtimba

housut

emabhuluko

farkut

ibhokathi

hame

sikedi

pusero

liblawosi

paita

liyembe

villapaita

i-pullover

collegepaita

i-hoodie

jakku

libhantji

takki

silamba

takki

lijazi

sadetakki

lijazi lemvula

puku

i-costume

mekko

lilogo

hääpuku

likogo lemshado

puku

isudi

yöpaita

i-gown yasebusuku

pyjama

emabhijamu

shari

i-sari

päähuivi

sikafu

turbaani

i-turban

burka

i-burqa

kaftaani

i-kaftan

abaya

i-abaya

uimapuku

timphahla tekududa

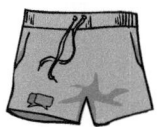

uimahousut

ema-anda

shortsit

emabhuluko lamafishane

verkkarit

i-treksudi

esiliina

liphinifa

käsineet

emaglavu

nappi

inkinobho

silmälasit

tibuko

rannekoru

buhlalu

kaulakoru

umgaco

sormus

indandatho

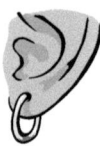

korvakoru

emacici

lippalakki

likepisi

ripustin

i-hanger yelijazi

hattu

sigcoko

solmio

thayi

vetoketju

iziphu

kypärä

sivikelo senhloko

henkselit

kwekusekela sitfo semtimba

koulupuku

timphahla tesikolwa

univormu

inyunifomu

vaatteet - timphahla tekugcoka

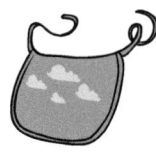

ruokalappu

i-bib

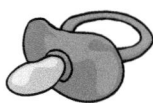

tutti

i-dummy

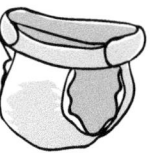

vaippa

linabukeli

toimisto

lihhovisi

palvelin
i-server
asiakirjakaappi
likhabethe lemafayela
tulostin
i-printer
paperi
liphepha
näyttö
i-monitor
hiiri
i-mouse
kirjoituspöytä
lideski
kansio
intfo yekugoca
näppäimistö
i-keyboard
oskakori
ibhakede lekulahla emaphepha
tietokone
ngconomshina
tuoli
situlo

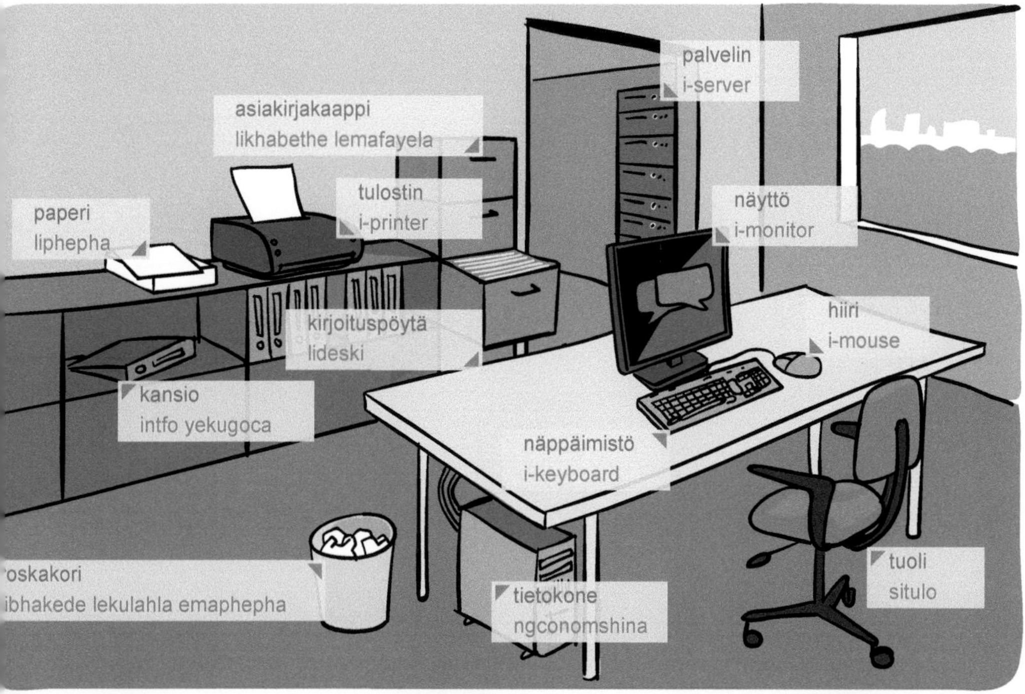

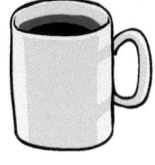

kahvimuki

likomishi lelikofi

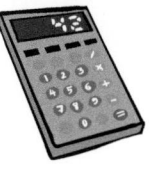

taskulaskin

i-calculator

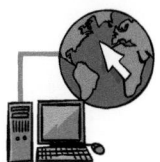

internet

i-inthanethi

kannettava tietokone

i-laptop

kirje

incwadzi

viesti

umlayeto

kännykkä

i-mobile

verkko

i-network

kopiokone

umshini wekwenta
emakhophi

ohjelmisto

i-software

puhelin

lucingo

pistorasia

liplaliki lagesi

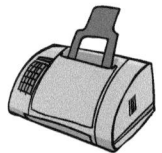

faksi

umshini wekufeksa

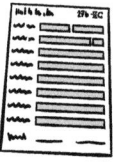

lomake

lifomu

asiakirja

liphepha

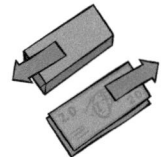

ostaa

tsenga

maksaa

bhadala

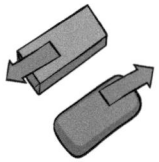

vaihtaa

beka imali

raha

imali

dollari

li-dollar

euro

li-euro

jeni

li-yen

rupla

li-rouble

frangi

i-Swiss franc

renminbi juan

i-renminbi yuan

rupia

i-rupee

pankkiautomaatti

umshini wemali

rahanvaihto

i-bureau de change

kulta

ligolide

hopea

lisiliva

öljy

woyela

energia

emandla

hinta

linani

sopimus

sivumelwano

vero

umtselo

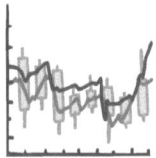

osake

sitoko

työskennellä

sebenta

työntekijä

sisebenti

työnantaja

umcashi

tehdas

ifemu

liike

sitolo

ammatit
tikhundla

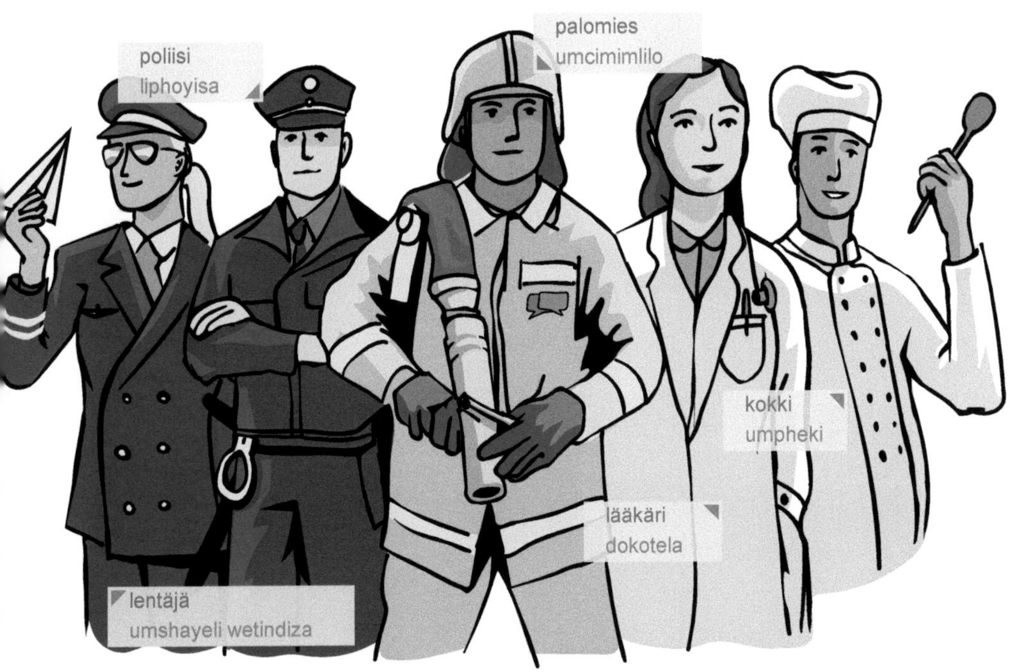
palomies
umcimimlilo
poliisi
liphoyisa
kokki
umpheki
lääkäri
dokotela
lentäjä
umshayeli wetindiza

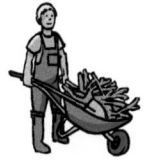

puutarhuri

losebenta engadzini

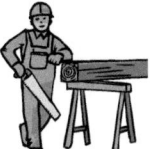

puuseppä

ummbati

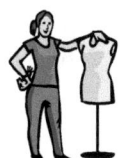

ompelija

umtfungi

tuomari

mehluleli

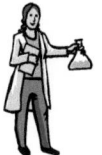

kemisti

khemisi

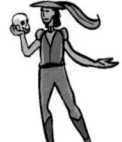

näyttelijä

umlingisi

linja-autonkuljettaja

umshayeli webhasi

taksinkuljettaja

umshayeli wekhumbi

kalastaja

umdvobi

siivooja

limedi

katontekijä

umfuleli

tarjoilija

waiter

metsästäjä

umtingeli

maalari

mapendani

leipuri

umbhaki

sähköasentaja

gesana

rakentaja

meselane

insinööri

sonjiniyela

teurastaja

umtsengisi wenyama

putkiasentaja

somaphayiphi

postinjakaja

lohambisa liposi

sotilas
lisotja

arkkitehti
umdvwebi wemapulani

kassanhoitaja
umtsengisi

floristi
umtsengisi wetimbali

kampaaja
losebenta ngetinwele

konduktööri
umbhidisi

mekaanikko
mekhenikha

kapteeni
kaputeni

hammaslääkäri
dokotela wematinyo

tiedemies
sosayensi

rabbi
rabi

imaami
imam

munkki
monk

pappi
umfundisi

työkalut
emathulusi

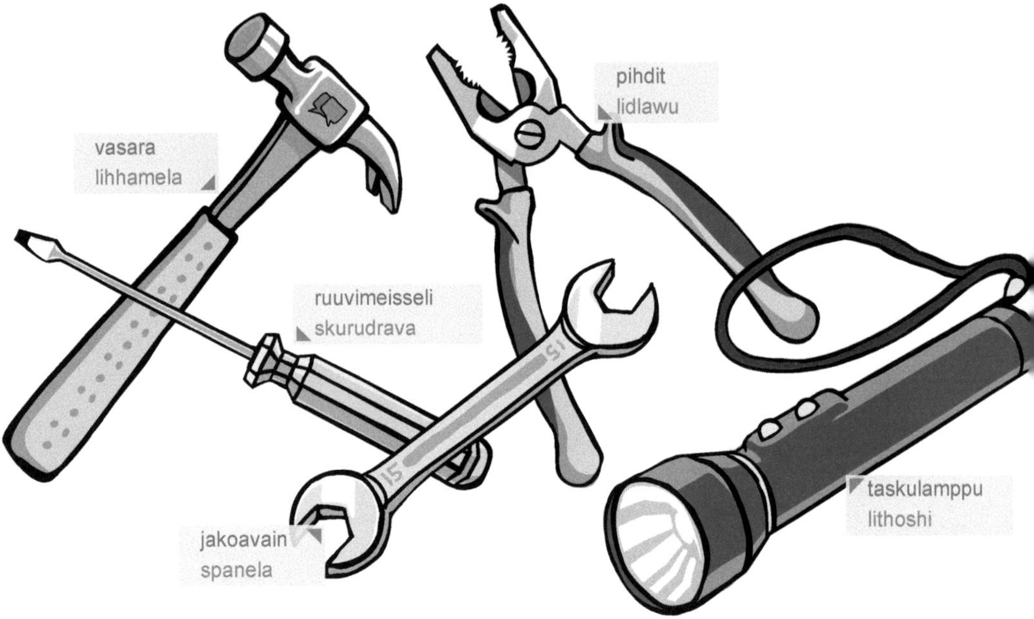
vasara
lihhamela
pihdit
lidlawu
ruuvimeisseli
skurudrava
taskulamppu
lithoshi
jakoavain
spanela

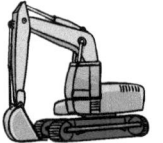

kaivinkone

lifosholo

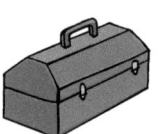

työkalupakki

libhokisi lemathulusi

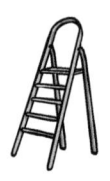

tikkaat

lilele

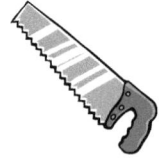

saha

lisaha

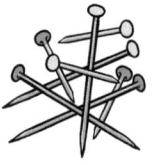

naulat

tipikili

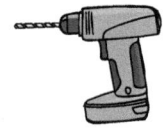

pora

umshini wekwenta timbobo

korjata

lungisa

lapio

lifosholo

Hitto!

i-Damni!

rikkalapio

lipani lekuwola tibi

maalipurkki

likani lapende

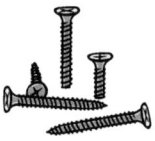

ruuvit

tikruzi

soittimet
insimbi yemculo

rummut
ikhithi yemadramu

kontrabasso
lugitali lolukhulu

trumpetti
i-trumpet

kaiuttimet
sipika lesikhulu

kitara
lugitali

piano

i-piano

viulu

ivayolini

basso

ibhesi

patarummut

i-timpani

rumpu

emadramu

kosketinsoitin

i-keyboard

saksofoni

i-saxohone

huilu

ifluthi

mikrofoni

umbhobho

sisäänkäynti
umnyango wekungena

tiikeri
ingwe

häkki
lihhoko

seepra
lidvuba

eläinten ruoka
kupha tilwane kudla

panda
ipanda

eläimet

tilwane

norsu

indlovu

kenguru

ikangaru

sarvikuono

bhejane

gorilla

igorila

karhu

libhele

kameli

likamela

strutsi

i-ostrishi

leijona

libhubesi

apina

imfene

flamingo

i-flamingo

papukaija

iparoti

jääkarhu

libhele

pingviini

iphejini

hai

shaka

riikinkukko

iphigogo

käärme

inyoka

krokotiili

ingwenya

eläintarhanhoitaja

umgcini tilwane

hylje

isili

jaguaari

i-jaguar

poni
poni

leopardi
ingwe

virtahepo
imvubu

kirahvi
indlulamitsi

kotka
lusweti

villisika
ingulube yesiganga

kala
imfishi

kilpikonna
lifundvu

mursu
i-warasi

kettu
jakalazi

gaselli
inyamatane

amerikkalainen jalkapallo
libhola letinyawo laseMelika

pyöräily
umdlalo wemabhayisikili

tennis
itenesi

koripallo
i-basketball

uinti
kududa

nyrkkeily
umdlalo wetibhakela

jääkiekko
umdlalo waselichweni

jalkapallo

libhola letinyawo

sulkapallo

i-badminton

yleisurheilu

tingijimi

käsipallo

libhola letandla

hiihto

umdlalo wekuntjuza

poolo

i-polo

aktiviteetit
imisebenti

nauraa
hleka
hypätä
gcuma
halata
gona
kävellä
hamba
laulaa
hlabela
unelmoida
liphupho
rukoilla
thantaza
suudella
cabuza

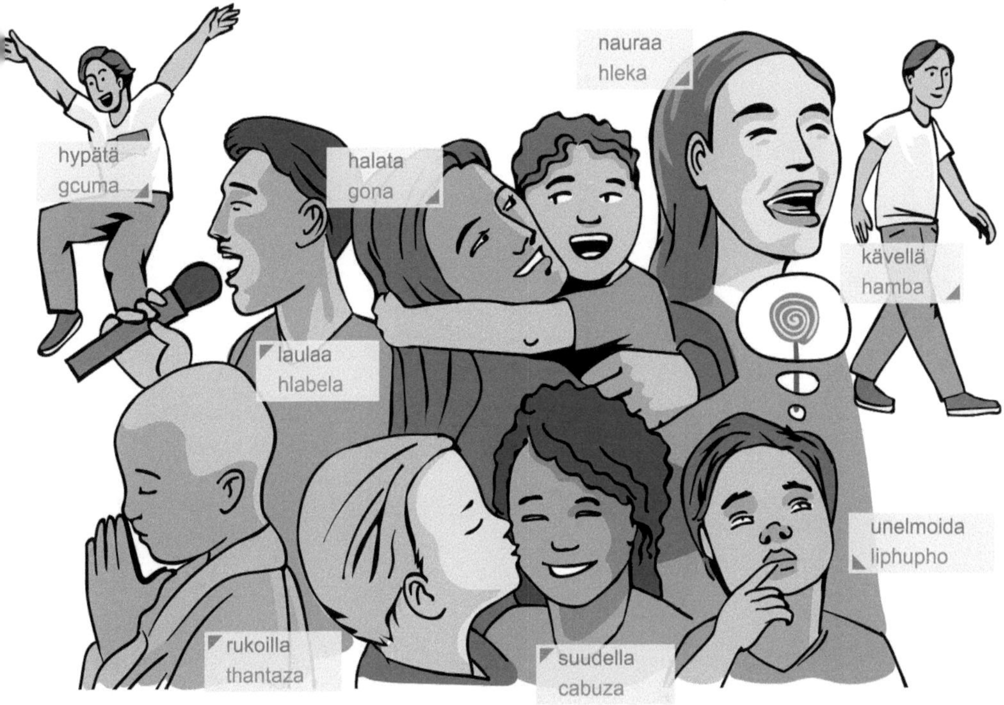

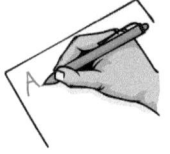

kirjoittaa

bhala

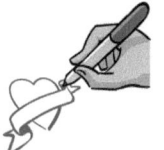

piirtää

tsatsa

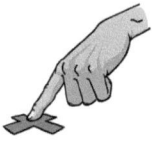

näyttää

khombisa

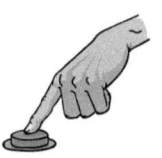

painaa

fuca

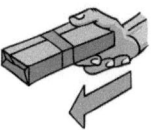

antaa

nika

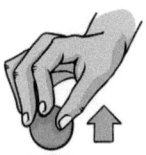

ottaa

tsatsa

omistaa

tsatsa

tehdä

yenta

olla

be

seisoa

sukuma

juosta

gijima

vetää

dvonsa

heittää

jika

kaatua

wani

maata

cala emanga

odottaa

mani

kantaa

tsatsa

istua

hlala

pukeutua

yembatsa

nukkua

lala

herätä

vuka

katsoa
buka

itkeä
khala

silittää
shaya

kammata
kama

puhua
khuluma

ymmärtää
condza

kysyä
buta

kuunnella
lalela

juoda
natsa

syödä
dlani

siivota
gcogca

rakastaa
tsandza

keittää
pheka

ajaa
shayela

lentää
ndiza

purjehtia

ntjuza

laskea

bala

lukea

fundza

oppia

fundza

työskennellä

sebenta

mennä naimisiin

shada

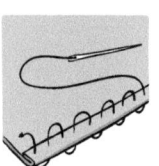

ommella

tfunga

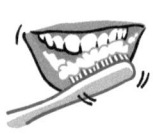

pestä hampaat

kugeza ematinyo

tappaa

bulala

tupakoida

bhema

lähettää

tfumela

perhe

umndeni

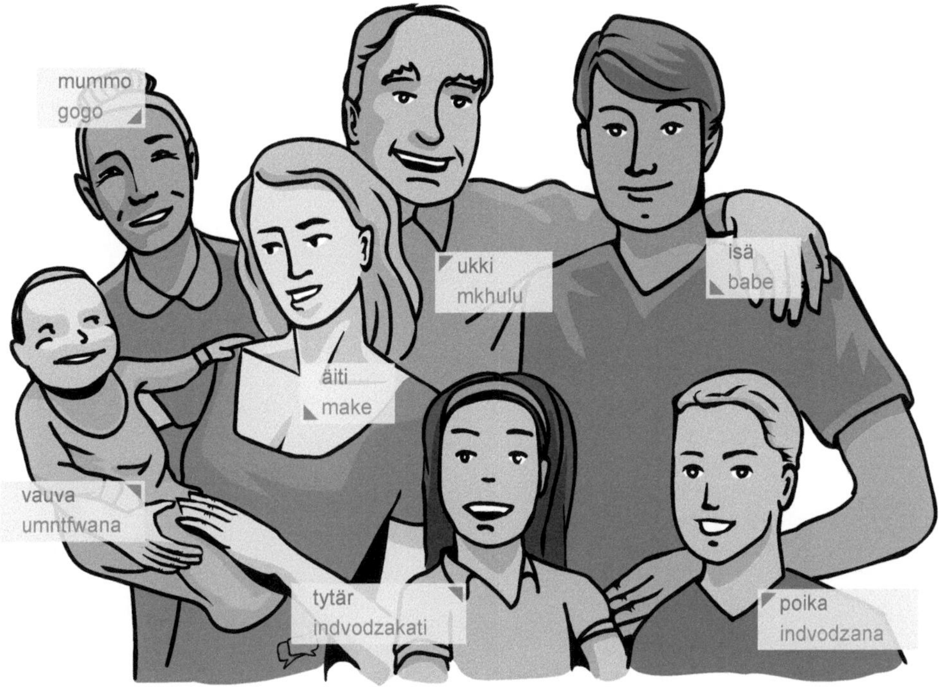
mummo
gogo
ukki
mkhulu
isä
babe
äiti
make
vauva
umntfwana
tytär
indvodzakati
poika
indvodzana

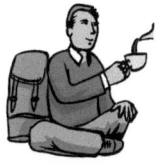

vieras

sivakashi

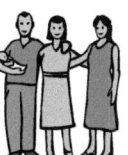

täti

anti

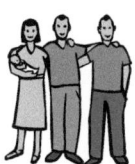

setä

malume

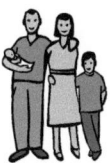

veli

umnaketfu

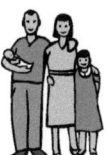

sisko

sisi

vartalo
umtimba

otsa
siphongo
silmä
liso
olkapää
lihlombe
sormet
umuno
kasvot
buso
leuka
silevu
käsi
sandla
jalka
umbala
rinta
libele
käsivarsi
umkhono

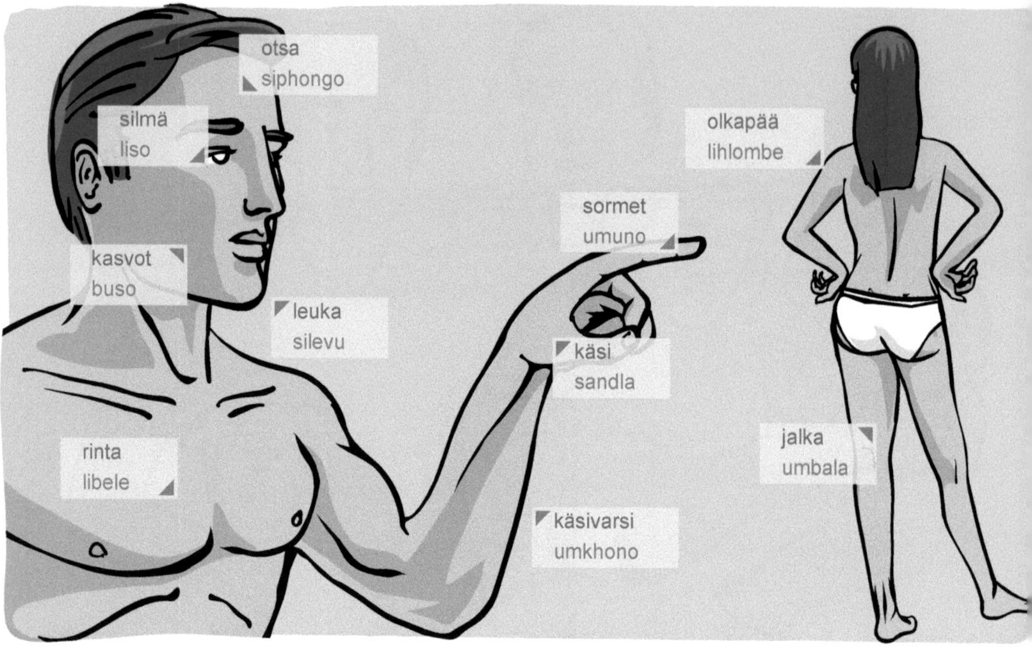

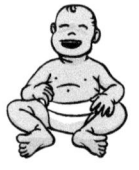

vauva
umntfwana

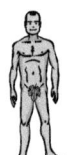

mies
indvodza

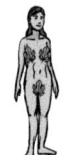

nainen
umfati

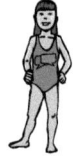

tyttö
intfombatane

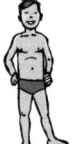

poika
umfana

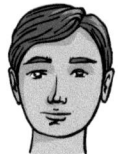

pää
inhloko

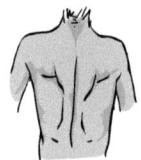

selkä

emuva

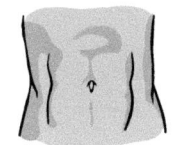

maha

umkhatjana

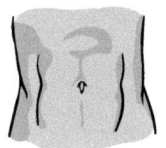

napa

sibhono

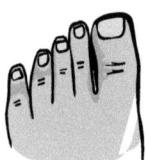

varvas

luzwane

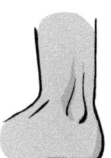

kantapää

sitsendze

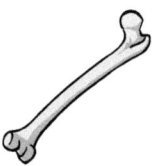

luu

litsambo

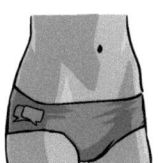

lantio

litsanga

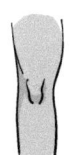

polvi

lidvolo

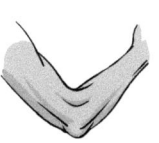

kyynärpää

ingcosa

nenä

imphumulo

takapuoli

entansi

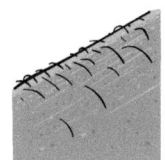

iho

sikhumba

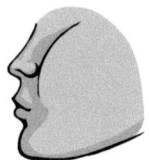

poski

sihlatsi

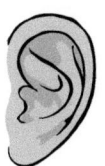

korva

indlebe

huuli

indzebe

suu
umlomo

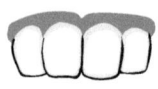

hammas
litinyo

kieli
lilimi

aivot
bucopho

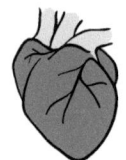

sydän
inhlitiyo

lihas
umsipha

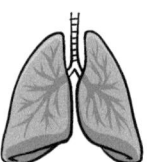

keuhkot
liphaphu

maksa
sibindzi

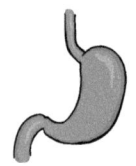

vatsa
sisu

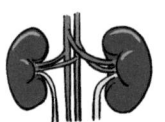

munuaiset
tinso

seksi
kulalana

kondomi
lijazi lemkhwenyana

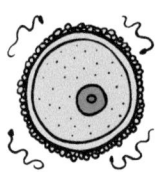

munasolu
licandza lentalo

sperma
sidvodza

raskaus
kukhulelwa

vartalo - umtimba

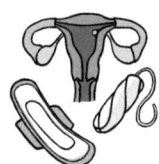

kuukautiset

kuya esikhatsini

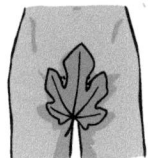

vagina

ligolo

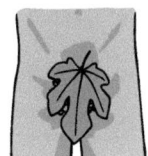

penis

umpipi

kulmakarvat

inkhophe

hiukset

lunwele

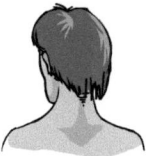

niska

intsamo

sairaala
sibhedlela

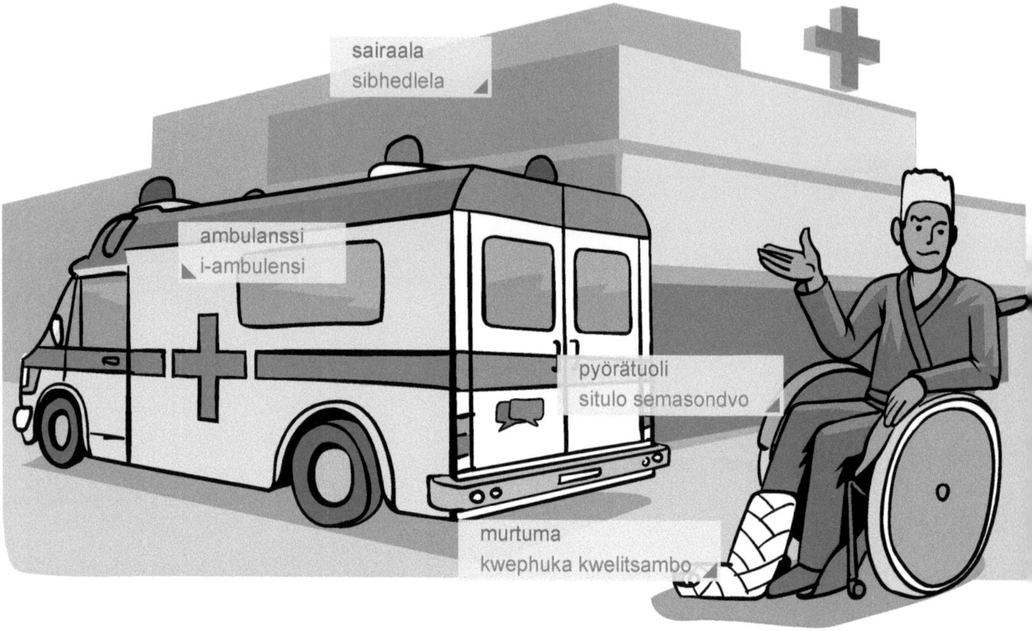

sairaala
sibhedlela
ambulanssi
i-ambulensi
pyörätuoli
situlo semasondvo
murtuma
kwephuka kwelitsambo

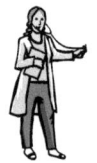

lääkäri

dokotela

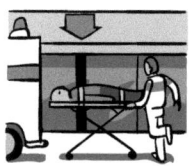

ensiapu

ligumbi letimo letiphutfumako

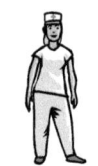

sairaanhoitaja

nesi

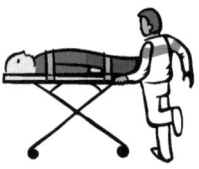

hätätilanne

simo lesiphutfumako

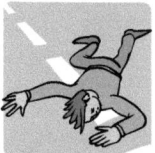

tajuton

kucaleka

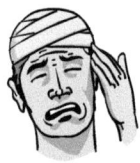

kipu

buhlungu

vamma
kulimala

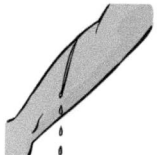

verenvuoto
kopha

sydänkohtaus
kuhlaselwa sifo senhlitiyo

aivoinfarkti
kufa luhlangotsi

allergia
i-aleji

yskä
kukhwehlela

kuume
kushisa

flunssa
umkhuhlane

ripuli
kusheka

päänsärky
kubulawa yinhloko

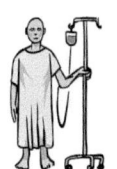

syöpä
umdlavuza

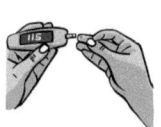

diabetes
kuba nashukela

kirurgi
dokotela

veitsi
umukhwa wekusika
wabodokotela

leikkaus
kusikwa

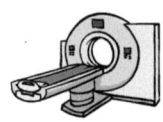

ct
....
i-CT

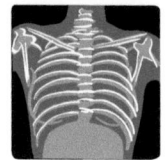

röntgen
....
i-x ray

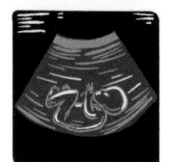

ultraääni
....
umsindvo

maski
....
sifonyo

sairaus
....
sifo

odotushuone
....
ligumbi lekulindza

sauva
....
indvuku yekuhamba

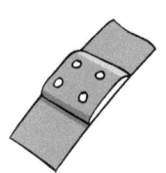

laastari
....
i-plaster

side
....
ibhandishi

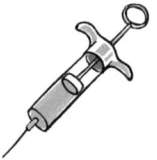

pistos
....
umjovo

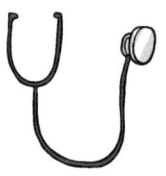

stetoskooppi
....
lithulusi labodokotela
lekulalela inhlitiyo

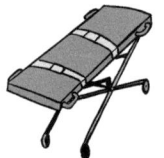

paarit
....
luhlaka

kuumemittari
....
kwekuhlola lizinga lemuntfu
lekushisa

syntymä
....
kutalwa

ylipaino
....
kunona kakhulu

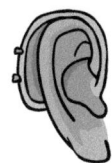

kuulolaite

tinsita tekuva etindlebeni

desinfiointiaine

sibulali magciwane

infektio

kwesuleleka ngesifo

virus

ligciwane

HIV / AIDS

i-HIV / AIDS

lääke

umutsi

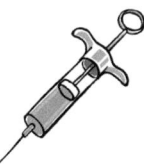

rokotus

kugoma

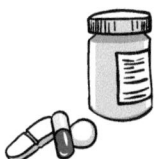

tabletit

emaphilisi

pilleri

liphilisi

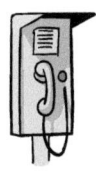

hätäpuhelu

lucingo loluphutfumako

verenpainemittari

sicaphi semfutfo wengati

sairas / terve

gula / umcemane

Apua!

Lusito!

hälytys

i-alamu

ryöstö

kuhlukumeta

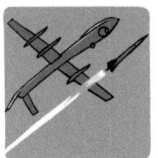

hyökkäys

kuhlasela

vaara

ingoti

hätäuloskäynti

umnyango wekuphuma
nakuphutfuma

Tulipalo!

Umlilo

palosammutin

sicishamlilo

onnettomuus

ingoti

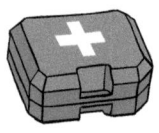

ensiapulaukku

ikhidi yelusito lwekucala

SOS

SOS

poliisilaitos

emaphoyisa

Eurooppa

i-Europe

Pohjois-Amerikka

iNyakatfo YeMelika

Etelä-Amerikka

iNingizimu YeMelika

Afrikka

i-Afrika

Aasia

i-Asia

Australia

i-Australia

Atlantin valtameri

i-Atlantic

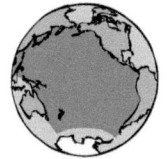

Tyynimeri

i-Pacific

Intian valtameri

i-Idian Ocean

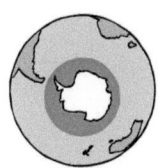

Eteläinen jäämeri

i-Antarctic Ocean

Pohjoinen jäämeri

i-Arctic Ocean

pohjoisnapa

Ligumbi laseNyakatfo

etelänapa

Ligumbi laseNingizimu

Antarktis

iAntarctica

maa

Umhlaba

maa

indzawo

meri

lwandle

saari

sichingi

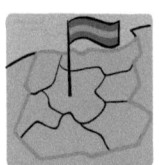

kansa

sive

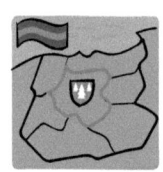

osavaltio

umbuso

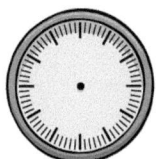

kellotaulu

buso beliwashi

tuntiviisari

li-awa

minuuttiviisari

imizuzu

sekuntiviisari

imizuzwana

Paljonko kello on?

sikhatsi sini nyalo?

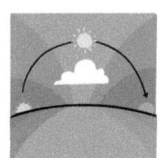

päivä

lusuku

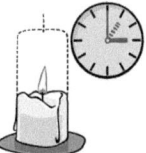

aika

sikhatsi

nyt

nyalo

digitaalikello

liwashi lesimanjemanje

minuutti

umzuzu

tunti

li-awa

viikko
liviki

maanantai
Umsombuluko **MO**

W keskiviikko
Lesitsatfu

perjantai
Lesihlanu

TU

TH
lauantai
Umgcibelo

SA

tiistai
Lesibili

SO

torstai
Lesine

sunnuntai
Lisontfo

eilen
....
itolo

tänään
....
lamuhla

huomenna
....
kusasa

aamu
....
ekuseni

keskipäivä
....
emini

ilta
....
entsambama

työpäivät
....
emalanga emsebenti

viikonloppu
....
imphelasontfo

vuosi
umnyaka

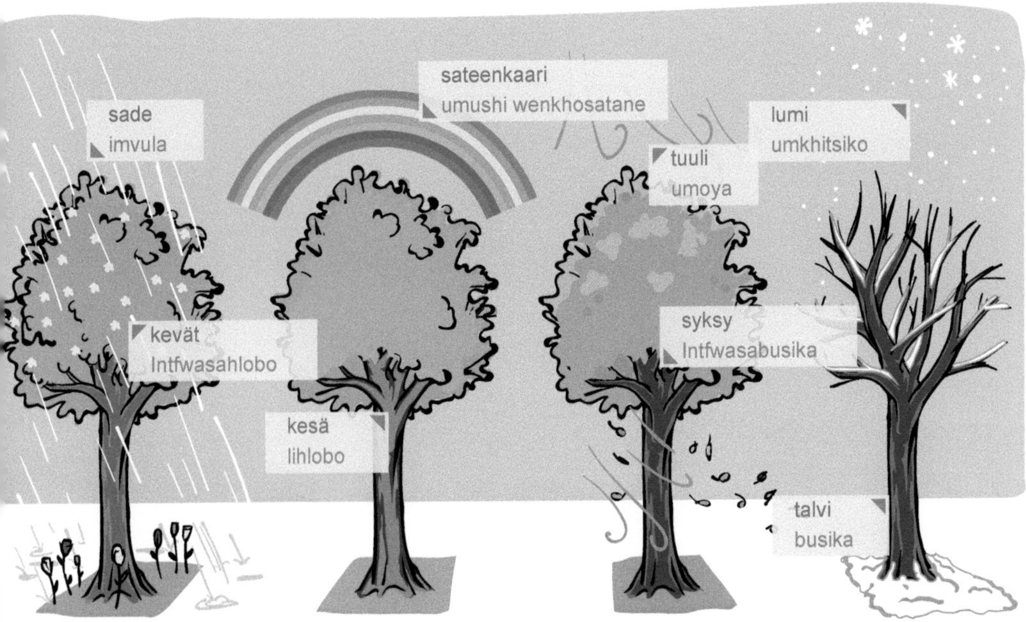

sade
imvula
sateenkaari
umushi wenkhosatane
lumi
umkhitsiko
tuuli
umoya
kevät
Intfwasahlobo
syksy
Intfwasabusika
kesä
lihlobo
talvi
busika

4.APRIL 11°
5.APRIL 4°
6.APRIL 13°
7.APRIL 8°
8.APRIL 10°

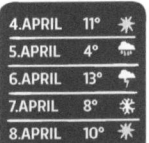

sääennuste

simo selitulo

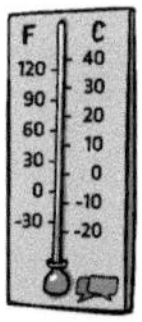

F C
120 40
90 30
60 20
30 10
0 0
-30 -10
-20

lämpömittari

kwekuhlola lizinga lekushisa

auringonpaiste

kubalela

pilvi

emafu

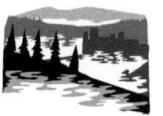

sumu

inkhungu

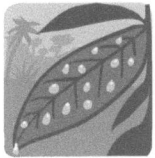

ilmankosteus

umswakamo

salama

umbane

ukkonen

umbane

myrsky

kudvuma lobunebungoti

rae

sangcotfo

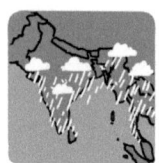

monsuuni

inyeti

tulva

tikhukhula

jää

lichwa

tammikuu

Bhimbidvwane

helmikuu

Indlovana

maaliskuu

Indlovulenkhulu

huhtikuu

Mabasa

toukokuu

Inkhwenkhweti

kesäkuu

Inhlaba

heinäkuu

Kholwane

elokuu

Ingci

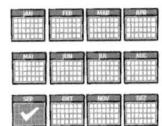

syyskuu
....
Inyoni

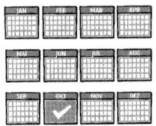

lokakuu
....
Imphala

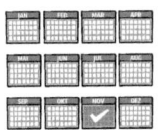

marraskuu
....
Lweti

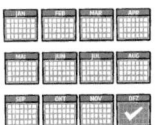

joulukuu
....
Ingongoni

muodot
kubumbeka kwetintfo

ympyrä
....
indingiliza

neliö
....
sikwele

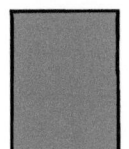

suorakulmio
....
umdvwebo lonetinhlangotsi
letindze letilinganako

kolmio
....
ncantsatfu

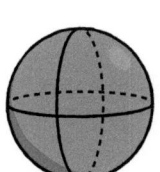

pallo
....
i-sphere

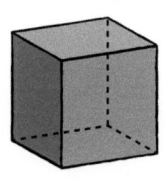

kuutio
....
ikhiyubhu

valkoinen

kumhlophe

keltainen

phuti

oranssi

sheli

vaaleanpunainen

kupinki

punainen

kubovu

violetti

kunsomi

sininen

luhlata

vihreä

luhlata njengetjani

ruskea

loku-brown

harmaa

mtfubi

musta

mnyama

paljon / vähän

kunyenti / kuncane

vihainen / ystävällinen

kutfukutsela / kwehlisa
umoya

kaunis / ruma

buhle / bubi

alku / loppu

sicalo / siphetfo

suuri / pieni

bukhulu / buncane

vaalea / tumma

kukhanya / bumnyama

veli / sisko

bhuti / sisi

puhdas / likainen

kuhloba / kungcola

täydellinen / epätäydellinen

kuphelela / kungapheleli

päivä / yö

imi / busuku

kuollut / elävä

kufa / kuphila

leveä / kapea

kubanti / kuncane

syötävä / syömäkelvoton

lokudliwako / lokungadliwa

paha / kiltti

inhlitiyo lembi / umusa

innostunut / tylsistynyt

kutsakasa / kudvumala

lihava / laiha

sidudla / umcondvo

ensimmäinen / viimeinen

kwekucala / kwekugcina

ystävä / vihollinen

umngani / sitsa

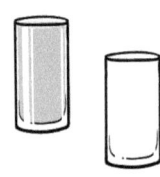

täysi / tyhjä

kugcwala / kute lutfo

kova / pehmeä

kucina / kutsamba

painava / kevyt

kusindza / kulula

nälkä / jano

kulamba / koma

sairas / terve

gula / umcemane

laiton / laillinen

kungabi semtsetfweni /
kuba semtsetfweni

älykäs / tyhmä

kuhlakanipha / bulima

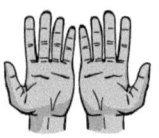

vasen / oikea

sencele / sekudla

lähellä / kaukana

dvutane / khashane

uusi / käytetty

lokusha / lokudzala

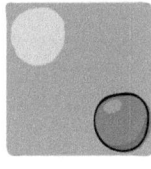

ei mitään / jotain

kute lutfo / kunalokutsite

vanha / nuori

budzala / busha

päällä / pois päältä

kuyasebenta / akusebenti

auki / kiinni

kuvulekile / kuvalekile

hiljainen / äänekäs

kuthula / umsindvo

rikas / köyhä

kunjinga / kuphuya

oikein / väärin

kulungile / akukalungi

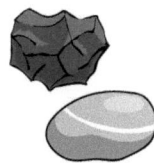

karhea / sileä

kuyahhedla / kuyashelela

surullinen / iloinen

kuva buhlungu / kujabula

lyhyt / pitkä

kufishane / kudze

hidas / nopea

kunwabuka / kushesha

märkä / kuiva

kumanti / komile

lämmin / viileä

kufutfumele / kusivuvu

sota / rauha

imphi / kuthula

0	**1**	**2**
nolla	yksi	kaksi
indilinga	kunye	kubili

3	**4**	**5**
kolme	neljä	viisi
kutsatfu	kune	sihlanu

6	**7**	**8**
kuusi	seitsemän	kahdeksan
sitfupha	sikhombisa	siphohlongo

9	**10**	**11**
yhdeksän	kymmenen	yksitoista
yimfica	lishumi	lishumi nakunye

12

kaksitoista

lishumi nakubili

13

kolmetoista

lishumi nakutsatfu

14

neljätoista

lishumi nakune

15

viisitoista

lishumi nesihlanu

16

kuusitoista

lishumi nesitfupha

17

seitsemäntoista

lishumi nesikhombisa

18

kahdeksantoista

lishumi nesiphohlongo

19

yhdeksäntoista

lishumi nemfica

20

kaksikymmentä

emashumi lamabili

100

sata

likhulu

1.000

tuhat

inkhulungwane

1.000.000

miljoona

sigidzi

englanti

Singisi

amerikanenglanti

Singisi saseMelika

mandariinikiina

SiMandarini seseShayina

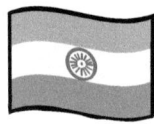

hindi

SiHindi

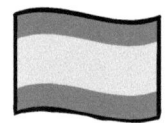

espanja

Sipanishi

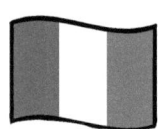

ranska

SiFulentji

arabia

Si-Arabu

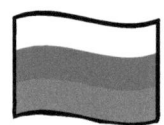

venäjä

SiRashiya

portugali

SiPhuthukezi

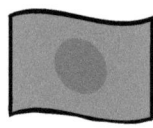

bengali

SiBhengali

saksa

SiJalimane

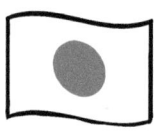

japani

SiJapane

minä

Mine

sinä

wena

hän

yena / yona

me

tsine

te

nine

he

bona

kuka?

bani?

mitä / mikä?

ini?

miten?

njani?

missä?

kuphi?

milloin?

nini?

nimi

libito

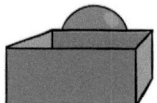

takana
....
ngemuva

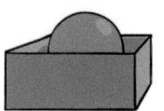

sisällä
....
ekhatsi

edessä
....
embi kwe

yläpuolella
....
ngenhla

päällä
....
etulu

alapuolella
....
ngephansi

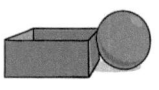

vieressä
....
eceleni

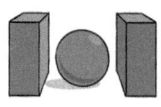

välissä
....
emkhatsini

paikka
....
indzawo